숲수에게

순수에게

십대에게 말 거는 손석춘의 에세이

2009년 1월 16일 1판 1쇄
2015년 4월 15일 1판 5쇄

지은이 손석춘

편집 정은숙, 서상일   **제작** 박홍기   **마케팅** 이병규, 최영미, 김선영, 정은숙
출력 한국커뮤니케이션   **인쇄** POD코리아   **제본** 경원문화사

펴낸이 강맑실   **펴낸곳** (주)사계절출판사   **등록** 제406-2003-034호
주소 (우)413-120 경기도 파주시 회동길 252
전화 031)955-8558, 8588   **전송** 마케팅부 031)955-8595 편집부 031)955-8596
홈페이지 www.sakyejul.co.kr   **전자우편** skj@sakyejul.co.kr
독자카페 사계절 책 향기가 나는 집 cafe.naver.com/sakyejul
트위터 twitter.com/sakyejul   **페이스북** facebook.com/sakyejul

값은 뒤표지에 적혀 있습니다. 잘못 만든 책은 서점에서 바꾸어 드립니다.
사계절출판사는 성장의 의미를 생각합니다. 사계절출판사는 독자 여러분의 의견에 늘 귀 기울이고 있습니다.
이 책은 저작권법에 따라 보호받는 저작물이므로 무단전재와 무단복제를 금합니다.

ISBN 978-89-5828-332-4 03300

이 도서의 국립중앙도서관 출판시도서목록(CIP)은 e-CIP 홈페이지(http://www.nl.go.kr/ecip)에서
이용하실 수 있습니다. (CIP제어번호: CIP2008003832)

순수에게

십대에게 말 거는 손석춘의 에세이

사□계절

"뭘 하고 싶은지 잘 모르겠어요."

어느 10대 친구에게 꿈이 무엇인지 물었을 때입니다. 오랜 침묵 끝에 나온 대답이었지요.

곧 스무 살을 맞을 그 친구에겐 삶에 아무런 열정도, 또렷한 목표도 없어 보였습니다. 그래서 무엇을 할 때 즐거웠는지 보람을 느낀 경험은 없었는지 다시 물었습니다.

대답을 꺼려하는 그 친구를 보며 문득 야누슈 코르착의 '경고'가 떠올랐습니다.

"아이들은 정직합니다. 아무 대답도 하지 않고 있을 때도 아이는 대답하고 있습니다. 사실을 얘기할 수 없지만 거짓말을 하고 싶지도 않기 때문에 대답하지 않는 것입니다."

코르착은 아이한테 대답하라고 강요하는 사람들에게 아이는 '비밀을 가질 권리'가 있다는 진실을 일러 줍니다.

그래요. 한국 사회에서 기성세대 대다수는 아이의 침묵을 대답으로 '인정'하지 않습니다. 빨리 대답하라고 다그치기 일쑤지요. 바로 그런 문화가 10대의 희망을, 호기심을 모두 빼앗은 게 아닐까요? 더구나 한국 사회에서 10대는 '성적'이라는 획일적 경쟁에 내몰려 살아가니까요. 하루 평균 1.8명꼴로 청소년이 스스로 목숨을 끊는 사회, 그럼에도 정부와 언론이 더 많은 '경쟁'만 부르대는 나라에 살고 있으니까요.

고백하거니와 저도 10대들의 그 혹독한 상황을 모르쇠 해 왔습니다. 시사평론, 정치사상서, 소설을 넘나들며 책을 내면서도 청소년을 독자로 글 쓸 생각은 하지 않았지요. 굳이 변명하자면, 대학 입시로 찌든 청소년들에게 괜스레 부담만 더하는 게 아닐까 싶었어요.

그런데 그런 생각이 고정관념에 지나지 않음을 깨달은 전환점이 왔습니다. 2008년 5월이었지요. 온 나라의 밤을 밝힌 촛불집회 현장이었습니다. 촛불을 든 여고생들이 더불어 외친 한마디가 켜켜이 저를 둘러싼 관념의 껍질을 단숨에 뚫고 비수처럼 꽂혔습니다.

"우리가 바보인가요? 경제 살리기 전에 우리 목숨부터 살리세요!"

처음 그 말을 들었을 때, 얼핏 '과장'이라는 생각이 들었지요. 하지만 이어진 상황은 '목숨부터 살리라.'는 절규가 결코 과장이 아니라는 사실을 깨우쳐 주었지요. 경찰이 "여중 여고생 여러분, 시간이 늦어 밤길이 위험합니다."라며 주최 쪽을 겨냥해 학생들을 보내 주라고 사뭇 의연한 척했을 때입니다. 여학생들이 마치 약속이라도 한 듯 곧장 입을 모아 답하더군요.

"우리 원래 12시에 야자 마쳐요!"

그 외침에 하릴없이 눈물이 고였습니다. 남몰래 눈을 슴벅였지요. 찬찬히 톺아보니 옳았어요. 야자! 야간 자율 학습이라는 이름의 타율이고 억압이지요. 눈빛 맑은 여고생들의 외침, "우리 목숨부터 살려 달라."는 부르짖음이 결코 과장이 아니었어요. 그 자리에 모인 이유가 광우병 소 때문만은 아니었습니다.

해마다 수능 시험 결과가 발표되고 나면 우리 사회는 '희생제'를 치르지요. 어김없이 청소년들의 자살이 곰비임비 일어났어요. 그럼에도 짐짓 태연하게 시치미 뗀 온 나라, 바로 우리가 자부심으로 외쳤던 '대~한민국'이랍니다.

그러니 도심에서 저마다 촛불 밝힌 청소년의 순수한 얼굴에 감동을 느낄 수밖에요. 외치는 고운 목소리엔 가슴이 저렸지요. 그날의 일은 저에게 오늘의 10대가 얼마나 외로운 존재인가를 깨우쳐 주었습니다.

그로부터 옹근 일주일 뒤, 저는 황토현의 별빛 반짝이는 밤하늘을 바라보고 있었습니다. 황토현. 농민혁명군이 관군에 정면으로 맞서 승리한 동학 농민 전쟁의 흔적이 남아 있는 곳이지요. 그날이 1894년 5월 11일(음력 4월 7일)이었습니다. 농민군이 돌아올 수 없는 다리를 건넌 날이지요.

저는 황토현의 천막 안에서 내내 민주화 운동을 벌여 온 40대 한 분과 촛불 이야기를 나누다 천막을 나와 별빛 반짝이는 황토현의 청보리밭으로 걸었습니다. 뭘 하고 싶은지 모르겠다던 10대 친구가, 촛불을 든 청소년의 눈에 어리던 불꽃이 떠올랐습니다. 별이 쏟아지는 청보리밭 사이를 거닐며 청소년 친구들과 나누고 싶은 이야기 열 가지를 수첩에 적바림했습니다. 그날 밤 구상한 대로 이 책 『순수에게』를 쓰기 시작했지요.

청소년들로서는 자신을 '순수'로 이르는 말에 쑥스럽거나 더러 경계할 수도 있겠지요. 진짜 민망스러움이 전혀 없다면, 순수성을 잃어 가는 징후 아닐까 스스로 짚어 보아도 좋겠지요.

저도 10대 시절에 자신이 순수하다고 생각하지 않았습니다. 그런데 나이가 들어 가면서 새삼 깨닫게 되더군요. 그 시절이 얼마나 '순수의 계절'이었던가를.

이 책을 쓰면서 저 또한 '순수'를 되찾는 즐거움에 잠겼습니다. 오늘의 10대에게 참회하는 마음으로 다가가는 길, 그 길은 저의 잃어버린 10대, 그 순수했던 친구를 찾아가는 통로이기도 했습니다.

저를 비롯한 기성세대 또한 예외 없이 10대를 '입시 지옥'에서, '비밀을 가질 권리'를 보장받지 못한 문화에서 보냈습니다. 과연 진정으로 인생에서 '하고 싶은 일'이 무엇인지를 10대 시절에 찾은 기성세대는 얼마나 될까요? 아니, 20대에는 찾았을까요? 더 근본적으로 지금 이 순간, 자신이 참으로 하고 싶은 일을 하며 살아가는 어른은 얼마나 될까요?

지금 싱그러운 10대를 살아가는 모든 친구에게, 평생을 순수하게 살고 싶은 모든 사람에게 이 책 『순수에게』를 바칩니다.

지은이

차례

숨겨진 진실 밝혀내기

보수나
진보보다
진실이
기준이 되는
삶을
위하여

지구로 피저 간 촛불 문화

만일 어떤 천재 화가가 아프리카 깊은 숲 속에 홀로 살면서 아무도 보는 사람이 없는데 날마다 빼어난 그림을 그린다면?

어떻게 될까요? 미술사를 바라보는 눈에 '혁명'을 일으킨 마르셀 뒤샹이 던진 물음입니다. 뒤샹은 그 물음에 무람없이 답하지요.

"그는 존재하지 않는 것과 같다."

들머리에 뒤샹의 발언을 소개하는 까닭은 아프리카를 무시하려는 데 있지 않습니다. 예술가는 물론 모든 사람이 나 홀로 지상에 존재하는 게 아니라는 진실부터 나누고 싶어서입니다.

실제로 우리는 '독불장군'으로 존재할 수 없다는 사실을 몸으로 깨닫고 있습니다. 미국의 금융 위기나 중국의 식품 안전 문제가 단숨에 지구촌 모든 사람의 삶에 직접 영향을 끼칩니다.

21세기 들어 대한민국을 무대로 등장한 촛불 집회도, 그 집회를 이끈 청소년 영상도 지구촌으로 퍼져 갔습니다. 촛불은, 비바람 속에서도 촛불을 두 손 모아 밝힌 이 땅의 청소년은 지구 곳곳에서 더 나은 세상을 만들어 가는 사람들에게 힘이 되고 희망을 북돋아 주었지요.

물론 이 책을 읽는 독자 가운데는 촛불을 들지 않았거나 들지 못한 사람도 있을 터입니다. 하지만 '간접 경험'도 그 세대에게 깊은 영향을 줄 수밖에 없지요. 2000년대가 동튼 시기, 곧 21세기 첫 10년대를 10대로 살아간 사람들은 역사에서 '촛불 세대'로 자리매김될 게 분명합니다.

10대가 앞서서 이끈 촛불 시위는 한국인이 창조한 새로운 집회 문화, 표현 문화로 어느새 자리 잡았습니다. 100만 개의 장엄한 촛불 시위를 세계 주요 언론이 아름다운 영상과 더불어 소개했지요. 촛불 든 한국의 10대 스스로 '촛불 세대'를 창조해 냈습니다. 세계의 민주 시민에게 촛불 집회는 인류사에서 한글의 독창성 못지않게 한국의 창조적 문화로 인식되고 있습니다.

촛불 집회가 처음 나타난 시점은 2002년입니다. 미군 장갑차에 깔려 참혹하게 숨진 두 여중생 효순과 미선을 추모하는 데서 출발했지요. 한 달 넘도록 이어진 추모 집회에 수십만 명이 촛불을 들었습니다. 내내 궁따며 모르쇠하던 미국 대통령 조지 부시에게서 만족스럽지는 않았지만 간접 사과를 받아 냈지요.

촛불은 그 뒤 한국 민중의 의사 표현 방법으로 자리 잡아 갔습니다. 임기 말 국회가 임기 초 대통령을 탄핵한 2004년에도 촛불은 퍼져 갔습니다.

물론, 촛불이 말끔하게 문제를 해결하진 못했습니다. 촛불의 소망은 이뤄지지 않았지요. 하지만 촛불은 적어도 어둠의 정체는 밝혀 주었습니다. 촛불이 타오를 때마다 많은 이의 가슴 깊숙이 감동의 불씨를 심어 주었지요. 어느 때보다 여울여울 타오른 2008년 촛불은 촛불 혁명(candle revolution)이란 말이 나왔을 만큼 두고두고 영향을 끼칠 게 분명합니다.

그렇습니다. 아직 어둠이 짙은 현실은 촛불의 허망함을 입증해 주는 근거가 아닙니다. 촛불이 앞으로도 곰비임비 타오를 것을 예고하는 근거일 뿐입니다.

촛불 들까 말까의 선택

촛불 들고 거리로 나갈까, 그 시간에 밀린 공부를 할까? 촛불 집회가 열릴 때마다 청소년이라면 누구나 한번쯤 망설였겠지요. 어떤 선택이 옳은가를 따따부따할 뜻은 없습니다. 그 전에 깊이 성찰할 게 있어요. 망설였지만 어쨌든 누구나 선택을 했다는 사실이지요.

무릇 인생은 제법 먼 길을 걸어가야 합니다. 그 길에서 우리는 나와 다른 수많은 '나'를 만나며 삶을 다채롭게 경험합니다. 그 먼 여정의 순간순간에 '선택'이라고 쓰인 푯말이 서 있지요. 그때마다 선택은 누가 할까요? 바로 '나'입니다.

당연한 사실을 새삼 확인하는 까닭이 있습니다. 많은 사람이 인생을 자신의 선택으로 살아가지 않아서이지요. 선택한다는 의식조차 없이 평생을 살기도 합니다. 물론 삶 자체가 자신의 선택이 아니라고 반론을 펼 수도 있겠지요. 틀린 말은 아닙니다. 자신이 선택해 세상에 온 사람은 아무도 없으니까요. 만일 선택할 수 있었다면 어땠을까요? 아마 거의 모두가 더 나은 '환경'을 선택했겠지요. 하지만 거기서도 어떤 환경을 좋아하는지는 사람마다 다릅니다. 어쩌면 차별과 전쟁으로 얼룩진 지구가 싫다며 아예 삶을 거부할 수도 있겠지요. 어차피 죽을 존재인데 굳이 태어날 이유가 없다는 생각도 얼마든지 예상할 수 있지 않겠습니까?

그렇습니다. 출생은 물론 죽음도 우리 선택은 아닙니다. 하지만 그 못지않게 확실한 사실이 있어요. 삶과 죽음 사이, 그 순간순간은 모두 자신의 선택으로 이어집니다. 촛불 집회 참여 여부를 놓고 선택한 순간도 그 하나이겠지요. 노벨 문학상을 받은 프랑스 사상가 장 폴 사르트르는 "인생은 B와 D 사이의 C"라고 말했습니다. B는 Birth(탄생), D는 Death(죽음)이지요. 그럼 C는? Choice(선택)입니다.

앞으로 찬찬히 살펴보겠지만, 우리 개개인의 선택은 결코 진공 상태나 '아프리카 깊은 숲'에서 이뤄지는 게 아닙니다. 우리 모두는 사회 속에서 다른 사람과 더불어 살아갑니다. 어떻게 다른 사람과 살아갈까 또한 중요한 선택이지요. 흔히 그 선택을 '보수'와 '진보'로 구분합니다.

보수와 진보는 세상을 바라보는 시선이 서로 다릅니다. 10대가 촛불 들고 거리로 나올 때도, 그 현상을 바라보는 시각이 뚜렷하게 갈렸지요. 10대 스스로도 촛불 집회에 나간 학생은 진보, 나가지 않은 학생은 보수라고 판단할지도 모르겠어요.

하지만 과연 그럴까요? 아니라고 생각합니다. 촛불 집회에 나선 10대 가운데도 보수적 사고를 하는 친구가 있고, 나가지 않았더라도 진보적 사고를 하는 친구가 있습니다. 이미 지나간 촛불 집회에 참석했는지 안 했는지보다 더 중요한 것은 앞으로 어떤 인생을 살아갈 것인가 하는 선택이지요. 더구나 보수와 진보의 선택 이전에 '더 중요한 선택'이 있습니다.

초식동물이 왜 육식을 했을까

어느새 우리 사회는 보수와 진보로 사람을 나누는 구분이 유행이어서, 원하지 않아도 좋아하지 않아도 보게 되고 듣게 됩니다. 그러면 그 구분이 얼마나 알맞은지 구체적 보기로 2008년 촛불 집회를 분석해 볼까요?

취임 한 달 반 만에 첫 해외 방문으로 미국에 간 이명박 대통령은 '30개월 미만의 뼈 없는 살코기'로 수입을 제한하던 기존 방침에서 두 가지 조건을 모두 풀었지요. 30개월 이상 쇠고기도, 뼈 있는 살코기도 모두 수입하기로 '선택'했습니다.

여기서 쇠고기 수입에 왜 '30개월 기준'이 논란을 빚었는지 정리하고 갑시다. 모두 알다시피 광우병(狂牛病) 때문이지요. 말 그대로 소가 미치는 병입니다. 그냥 미쳤다고 하지만 소의 뇌에 구멍이 숭숭 뚫리는 참혹한 병입니다.

7000년 넘도록 인류와 공존해 온, 정확하게 말하면 인류에게 착취당해 온 소에게 왜 갑자기 20세기 후반에 몹쓸 병이 생겼을까요? 한마디로, 인간의 욕심 때문입니다. 아니, 더 정확하게 말하는 게 좋겠어요. 모든 인간은 아닙니다. 수단 방법 가리지 않고 더 많은 돈을 벌려는 인간, 그들의 탐욕 탓이지요. 더 많은 쇠고기를 얻으려고 초식동물 소에게 육식 사료, 그것도 다름 아

이중섭, 〈황소〉, 1953년 무렵

닌 같은 소의 뼈와 살로 만든 사료를 먹었어요. 성장 호르몬, 항생제, 신경안정제도 마구 투입했지요. 광우병 원인 물질인 '프리온'이 그 과정에서 만들어집니다.

광우병 이야기가 처음 언론에 소개될 때, 문득 이중섭의 걸작 〈황소〉가 떠올랐습니다. 코를 벌름거리며 울부짖는 황소의 퉁방울눈에는 울뚝밸의 분노와 더불어 처연한 슬픔이 배어 있지요.

소가 제 종족의 뼈와 살을 오래 먹을수록 소의 몸 안에 프리온이 많이 축적되고, 그만큼 발병 가능성은 높아집니다. 실제로 광우병에 걸린 소의 90퍼센트는 태어난 지 30개월 이상 된 소였습니다. 문제는 프리온이 끓는 물에도 분해되지 않고 그 고기를 먹은 사람에게 옮겨 와 축적되는 데 있습니다.

영국에서는 광우병 걸린 사람이 160명 넘게 사망한 참극이 벌어졌지요. 영국 과학자들은 당시 마거릿 대처 총리가 이끌던 신자유주의 정부에게 책임을 물었습니다. 식품위생안전 기구를 '민영화'해 감독이 소홀해지면서 결국 광우병이 발생했다는 보고서가 나왔지요.

우리 정부는 30개월을 기준으로 수입 문제를 줄곧 논의해 왔지만, 30개월 이하 소에서도 광우병이 발병한 사례가 있습니다. 그래서 일본 정부는 20개월 미만의 미국 쇠고기만 수입했습니다. 20개월 이상의 모든 미국산 쇠고기는 아예 수입할 수 없게 해 놓았지요.

일본은 그로부터 5년이나 지나 광우병이 급감한 흐름을 확인한 뒤 2013년 2월이 되어서야 비로소 미국산 쇠고기 수입 기준을 '생후 30개월 이하'로 완화했습니다. 어떤가요? 그게 사실 주권을 지닌 국가다운 모습 아닐까요?

미국 워싱턴에 가서 확인했는데요. 미국에서 소비되는 쇠고기의 85~95퍼센트는 20개월 미만입니다. 20개월 넘는 고기는 '질 낮은 쇠고기'로 미국 사회의 빈민이나 이민 온 가난한 유색인들이 먹는다는 사실도 여러모로 생각해 볼 대목입니다.

광우병이 퍼져 가자 여러 나라에서 소에게 소의 육골분 사료를 먹이는 짓을 비로소 금지하기 시작했습니다. 하지만 이 또한 세심하게 살필 일이어요. 소의 뼈와 내장을 사료로 만들어 닭과 돼지에게 먹여 키우고, 닭과 돼지 뼈와 내장을 사료로 만들어 소에게 먹이기 때문이지요. 자연히 프리온도 옮겨 갈 수 있습니다. 초식동물 소가 육식하는 세상, 그 소가 사람에게 '복수'를 하는 미친 세상은 아직 마침표를 찍지 않았습니다.

보수 대 진보의 틀 넘기

소가 더는 소가 아니게 된 비극을 짚어 보았습니다. 그럼에도 정부가 30개월 넘는 쇠고기까지 모두 수입하기로 결정했을 때, 언론은 어떻게 보도해야 할까요?

삶의 '환경 감시'라는 고유의 직분에 충실하게, 졸속 협상을 비판하는 보도와 논평을 내보내야 옳지 않겠어요? 그것이 민주주의 사회에서 언론이 존재하는 교과서적 이유이니까요.

그런데 신문 사설('쇠고기 협상 타결, FTA 발효의 발판 돼야') 에서는 "이명박 대통령은 한미 정상회담 직전에 쇠고기 문제를 능동적으로 해소함으로써 외교적으로 대미 발언권을 강화하게 됐다."고 호평합니다.

쇠고기 협상 자체의 문제점에 대해서는 아예 모르쇠로 일관 하지요. 다만 한 신문만이 아니어요. 신문 시장을 독과점한 몇 몇 신문이 쇠고기 협상 문제에도 닮은꼴이었습니다. 앞서 소개 한 사설이 굳이 어느 신문 사설인가를 밝히지 않은 이유이기도 합니다. '제목'만 다를 뿐, 현실을 바라보는 시각이 거의 판박이 처럼 같으니까요.

언론이 제 할 일을 못할 때, 그 구실을 누군가는 해야 옳지 않겠습니까? 쇠고기 협상 타결 결과에 시민 사회에서 우려와 비 판의 목소리가 나온 것은 당연하지요. 아니, 반드시 나와야 할 절실한 비판 아닐까요? 언론이 마땅히 할 일을 하지 않으니 시

민 사회의 뜻있는 사람들이 목소리 낼 수밖에 없었습니다.

그럼에도 언론을 대신해 그 몫을 하는 이에게 고마워하거나 미안해하기는커녕 이를 비난합니다. 사설 "누굴 위해 미국 소를 '광우병 소'라 선동하나"(2008년 4월 24일자)가 그것입니다. 사설은 쇠고기 협상 타결에 비판적 발언을 한 사람들을 겨냥해 다짜고짜 "반미"라고 몰아세웁니다.

광우병 희생자는 지금도 계속 나오고 있어요. 2008년 9월에는 에스파냐에서 아들에 이어 어머니가 광우병으로 숨졌습니다. 물론, 더는 광우병이 발생하지 않을 수도 있어요. 하지만 사람의 생명과 직결되기에 조금이라도 가능성이 있다면, 또 막을 수 있다면, 당연히 막아야 합니다. 벼락 맞을 확률이라는 말에 동의하더라도, 피할 수 있는 '벼락'은 피해야지요. 무분별한 수입을 비판하는 일과 '반미'는 아무런 관계가 없습니다.

학교 급식으로 선택권이 자유롭지 못한 10대가 자신들의 우려를 처음 거리에서 표출하고 나섰습니다. 서울 도심 한복판에서 첫 촛불 문화제가 열린 날은 2008년 5월 2일이었지요. 바로 다음 날 같은 신문의 사설은 큰 문제점을 드러냅니다. "反美(반미) 反李(반이)로 몰고 가는 '광우병 괴담' 촛불 시위"라는 제목의 사설(5월 3일자)이 그것이지요.

미국산 쇠고기 수입 반대 시위가 2002년 대통령 선거를 앞두고 반미 감정을 증폭시킨 '효순 미선 양 촛불 시위'처럼 번지는 양상이다. (……) 미국 얘기만 나오면 무슨 수를 써서라도 흠집을 찾아내 부풀리려는 세력이 엄연히 존재하는 현실을 직시하지 못하고 정부가 안이하게 대응한 탓이 크다. (……) 일부 세력의 불순한 선동에 민심이 흔들리게 된다.

어떤가요? 급식으로 자신의 삶에 영향을 끼칠 문제에 청소년이 앞장선 것은 아주 자연스러운데도, 이 신문의 관심은 온통 '반미'입니다. 빨간 색안경 끼고 보면 모든 게 빨갛게 보이기 마련입니다. '색안경'이 위험한 까닭이지요. 더구나 그 색안경을 끼고 모든 걸 바라보는 주체가 특정 개인이 아니라면, 날마다 수백만 부 발행해 배달하는 신문이라면, 더 심각해집니다.

촛불 집회 매도는 여기서 그치지 않았어요. 다른 날 사설에서는 '반미'에, '좌파'에, 그것도 모자라 '북한'까지 연결지었어요. 대체 광우병에 대한 우려와 북한이 무슨 관계일까요?

사실과 다른 선동을 일삼는 이 신문을 '보수 신문'이라 말해도 좋을까요? 반대로 어떤 신문은 진보 신문이어서 촛불 집회를 긍정적으로 보도한 것일까요?

그렇다면 결국 보수와 진보 모두 자신의 안경, 곧 보수라는 색안경과 진보라는 색안경으로 세상을 보는 거겠지요. 과연 그래도 괜찮을까요? '보수 대 진보'의 틀을 넘어 무엇이 진실이고 무엇이 거짓인지를 가려야 옳지 않겠습니까?

'거짓의 가면'과 진실

먼저 '보수와 진보'를 가르는 기준부터 짚어 볼까요? 흥미롭게도 한 신문이 촛불 집회가 한창 벌어지던 시기에 "보수의 행복, 진보의 행복"이란 제목으로 논설위원 칼럼을 내보냈습니다. 그 칼럼 첫머리가 "보수와 진보는 어떻게 구별될까"라는 물음이었지요.

칼럼은 "수많은 분류법이 있지만 간단히 설명하면 보수주의는 현실을 유지하고자 하는 경향이고, 진보주의는 현실을 바꾸려는 경향"이라고 정리했습니다.

어떤가요? 모든 보수주의자를 '현실 유지'하려는 사람으로 단언할 수는 없겠지만, 일단 수긍할 수 있는 구분법입니다. 다만 대다수 사람은 사안에 따라 다르지요. 어떤 사안에는 진보적이고 어떤 사안엔 보수적입니다. 가령 노사 관계에는 진보적인 사람이 남녀 관계에선 보수적일 수 있지요. 반대로 남녀 관계에선 진보적인 사람이 노사 관계에서 보수적이기도 합니다.

그래서입니다. 저는 어떤 사람이 보수인가 진보인가를 그가 살아가는 모습으로 구분합니다. 자신이 행복하게 사는 데만 전력하거나 만족하는 사람이 있습니다. 세상을 바라보는 눈이 보수적이게 되지요. 반면에 다른 사람과 더불어 행복하게 살기를 바라는 사람이 있습니다. 그 사람이 진보입니다.

물론 그 구분에 동의하지 않을 수도 있지요. 주목할 것은 앞의 칼럼이 제시한 보수-진보 구별 기준으로 보더라도 미국산 쇠고기 전면 수입을 선택한 이명박 정부와 그것을 지지한 신문은 결코 진정한 '보수'도 아니라는 사실입니다. 현상 유지라면 '30개월 미만의 뼈 없는 살코기' 수입 방침을 그대로 지켜야겠지요.

사실 저는 2007년 노무현 정부가 미국산 쇠고기를 '30개월 미만' 조건으로 수입을 재개했을 때도 시사 칼럼을 써서 비판했습니다. 일본처럼 20개월로 하자는 논리였지요. 그런데 이명박 정부는 노무현 정부의 방침마저 지키지 못했습니다. 30개월 넘는 쇠고기까지 미국이 원하는 대로 선택을 했지요.

그것은 잘못된 선택일 뿐, '현상 유지'도 아니고 '보수'도 아닙니다. 더구나 10대 청소년이 앞장서 이룬 촛불 집회를 두고 서슴지 않고 '반미'니 하는 주장은 거짓에 불과할 뿐이지요.

미국산 쇠고기 문제에서만 그런 게 아닙니다. 우리가 인생이라는 먼 길을 걸어갈 때 선택해야 할 것은 '보수냐, 진보냐'가 아닙니다. 사안에 따라 얼마든지 보수와 진보를 선택할 수 있어요. 그러나 더 중요한 것은 '보수냐, 진보냐' 이전에 '거짓이냐, 진실이냐'입니다.

그런데 거짓은 스스로 '거짓'임을 털어놓지 않습니다. 모든 거짓은 진실을 가장합니다. 그럴듯하게 진실이라는 가면을 쓰고 행세하지요. 딴은 그래야 거짓이 되니까요. 거짓이 거짓을 고백하면 그 순간은 진실일 테니까요. 거짓이 다른 사람을 속이려면 스스로 진실의 가면을 써야 합니다.

더 큰 문제는 진실의 가면을 쓴 거짓에 스스로 속아 거짓을 진실로 믿고 살아가는 사람이 숱하다는 데 있습니다. 진실의 가면을 쓴 거짓을 벗기는 게 중요한 까닭이지요. 물론 쉬운 일 아닙니다. 우리가 앞서 분석한 신문을 다시 살펴보지요. 진실을 이야기하는 사람을 '반미'와 '좌파'로 몰고, 자신은 진실을 보도하는 언론으로 자임합니다. 상대에게 색깔을 마구 덧칠하며 그것을 보수와 진보의 대립으로 슬쩍 덮어 버립니다.

결코 모호하게 넘어갈 일이 아니지요. 정리할 것을 정리하고 가지 않으면 지적 성숙을 이룰 수 없습니다. 아무리 너그럽게 보더라도 자신의 생각과 조금이라도 다르면 거침없이 색깔 공세를 펴는 건 거짓일 뿐, 결코 '보수'일 수 없어요. 그런 신문은 '민주주의의 표현 기관'이 아니라 민주주의의 억압 기관이지요. 우리나라에 참다운 보수가 없다는 말이 나오는 것도 이 때문입니다.

보수와 진보의 틀을 넘어서는 데 고갱이는 진실입니다. 거짓이 진실과 맞서서 그것을 마치 보수와 진보의 시각 차이나 좌우 대결인 듯이 주장하는 사례가 많기에 더 그렇습니다.

언제 어디서나 진실이 무엇인가를 밝혀내는 일, 그 어떤 이데올로기보다 진실에 충성하는 일, 바로 그것이 청소년이 순수성을 올곧게 지키며 살아가는 첫걸음입니다.

프랑스 혁명 시기에 정치인이자 외교관으로 활동했던 탈레랑(Charles-Maurice de Talleyrand)의 말이 흥미롭습니다. 그는 "사람에게는 자신의 생각을 감추기 위해 언어가 주어졌다."고 말했지요.

기존 사회의 '권위'에 의존해서 누군가 퍼뜨려 가는 말을 곧이곧대로 받아들일 때, 우리는 미처 의식도 못 하고 거짓의 나락으로 떨어질 수밖에 없습니다. 그렇다면 무엇이 진실이고 무엇이 진실의 가면을 쓴 거짓일까요?

숨겨진 진실 찾기란 숲 속의 보물찾기 놀이처럼 언제나 가슴 설레는 일입니다. 아니, 진짜 보물을 찾는 것보다 보람이 더 크지요. 진실이라는 '보물'은 다른 보물과 달리 자신이 찾아 그것을 다른 사람과 나눌 때 더 빛나기 때문입니다. 진실은 악마의 얼굴까지 붉히게 한다고 일찍이 셰익스피어가 쓰지 않았던가요. 자, 그렇다면 지금부터 보수와 진보의 대립 틀을 벗어나 진실을 찾는 여행을 떠나 볼까요?

자기 발로 우뚝 서기

자신의
두 발로
우뚝
서지 않으면
진실은
보이지
않습니다

직립의 혁명은 끝났을까

진실. 과연 우리 인간에게 무엇이 진실일까요? 파스칼이 고백했듯이, '무한한 공간의 영원한 침묵'은 우리 '생각하는 갈대'를 경건하게 만들지요. 그 우주에서 삶의 진실을 온새미로 파악하기란 쉬운 일 아닙니다. 인류의 역사를 지혜로 수놓은 숱한 철학자와 종교인이 몰입해 온 주제이기도 하지요.

먼저 누구나 쉽게 동의할 수 있는 진실에서 출발합시다. 인간과 다른 동물을 가르는 가장 큰 생물학적 차이가 있지요. 무엇인가요?

말할 나위 없이 '직립'입니다. 아프리카 숲의 원숭이에서 인간으로 진화한 첫걸음이지요. 곧추서서 걸어다님으로써 오랜 세월에 걸쳐 인류의 뇌는 커지고 목과 입 구조에도 변화가 생겼어요. 그때 비로소 말을 할 수 있게 되었습니다. 사고력을 갖춰 갔지요.

개개인에게도 직립은 의미가 큽니다. 우주에서 가장 아늑하고 편안한 곳, 어디일까요? 개개인의 생명이 싹튼 곳, 어머니의 몸속에 있는 자궁이지요. '자궁의 바다'에서 태어난 우리 모두는 처음에는 두 발로 서기는커녕 엉금엉금 기어다니지도 못합니다. 목을 가누지도 못하고 눈조차 온전히 뜨지 못하지요.

우리가 직립한 시점은 모두 한 살 안팎입니다. 돌잔치를 하는 까닭이기도 하지요. 축하해 마땅한 일입니다. 처음 두 발로 설 때를 우리 자신은 기억할 수 없겠지요. 하지만 그 순간은 모든 아기에게 혁명입니다. 기어다니던 존재가 곧추서서 걸어가기, 그것은 아기에게 새로운 눈높이를 가져다줍니다. 새로운 세계가 열리는 순간이지요.

모든 어른이, 모든 청소년이 자랑스럽게 거쳐 온 길입니다. 우리 모두는 직립의 혁명을 경험한 존재이지요. 자부심을 가질 만합니다. 하지만 그 직립은 더 말할 나위 없이 미완성입니다. 아직 인간으로 성숙하는 1단계에 지나지 않지요. 몸이 불편한 사람도 있듯이 사실 직립의 1단계, 곧 몸의 곧추서기는 사람을 사람답게 하는 고갱이는 아닙니다.

직립의 다음 단계는 정신의 직립입니다. 성숙의 2단계이자 사람을 사람답게 하는 직립이지요. 인간의 자아의식은 서서히 싹틉니다. 열 살 무렵이면 조금씩 자기 세계를 열어 갑니다. 15세가 되면 마침내 정신의 직립을 본격적으로 시작하지요.

공자가 15세에 '지어학'(志於學), 곧 학문에 뜻을 두었다고 회고한 이야기를 떠올려 보세요. 여기서 '학문'은 단순히 학자의

일을 이르는 게 아니지요. 실제로 공자는
학자가 될 뜻이 없었고, 그 길을 걸어가지
도 않았습니다. 학문에 뜻을 두었다는 말
은 '자신의 세계를 열어 가려고 탐색을 시
작했다.'로 풀이해야 옳습니다. 그것은 아
주 자연스러운 일입니다. 그 누구든 몸의

공자(기원전 552~기원전 479)

직립만으로 자기 자신을 정립했다고는 생각하지 않으니까요.

정신의 직립이란 자기 두 발로 서서 자신의 눈으로 '세상 읽
기'를 뜻합니다. 다행스럽게도 우리가 자신의 눈으로 세계를 읽
어 가는 걸 도와주는 사람들이 있습니다. 이미 어른이 된 기성
세대이지요. 기성세대가 다음 세대에게 세상살이를 가르치는
과정, 그것을 '사회화'(社會化, socialization)라고 합니다. 직립의
혁명은 아직 끝나지 않은 게지요.

사회화와 사회 읽기

사회화. 우리가 스스로 두 발로 서려면 조금 더 깊이 성찰해
야 할 개념입니다. 국어사전에서 그 뜻은 '인간이 사회의 한 성
원으로 생활하도록 기성세대에 동화함. 또는 그런 일'이지요.

사전에서 말한 대로 사회화는 동화, 다시 말해 한 사회에서
살아가는 사람이 자신을 그 사회에 적응해 가는 과정입니다. 사
회화가 사람에게 필요한 까닭은 사람의 기본 조건에서 비롯됩니
다. 사람은 다른 동물과 달리 미숙한 존재로 태어나니까요. 아마
도 어린 시절에 텔레비전으로 사자가 득실거리는 아프리카 초원
의 풍경을 보았을 성싶어요. 사슴은 태어나자마자 네 발로 서지

요. 어미를 따라다니던 아기 사슴이 사자나 치타에게 한순간에 잡아먹히는 장면도 기억에 남아 있을 터입니다.

사람은 어떤가요? 사슴처럼 곧장 제 발로 뛰기는커녕 일어서지도 못해요. 직립하려면 1년 정도 지나야 합니다. 더구나 우리가 먹는 음식은 풀밭의 풀처럼 그냥 지천에 깔려 있는 게 아니지요. 일일이 돈을 주고 사서 먹어야 합니다. 그나마 다행인 것은 우리가 사자나 치타에게 잡아먹힐 위험은 없다는 거겠지요.

인간은 다른 동물과 달리 자신이 살아가는 사회에서 사람들과 만나면서 살아가는 데 필요한 지식, 기술, 가치, 규범, 태도를 배워 가야 합니다. 그게 사회화이지요.

사람이 어울려 살아가는 모든 사회에는 그런 사회화를 담당하는 곳이 있지요. 어디가 먼저 떠오르나요? 당연히 집이지요. 가족이 모여 사는 집은 사적인 공간이면서 동시에 사회생활의 기본 단위입니다. 우리는 어린 시절에 그 속에서 길러지며 사회에 적응하는 방법을 알게 되지요.

조금 더 자라면 또 다른 사회화를 경험합니다. 또래 집단이 그것입니다. 가령 유치원에서 비슷한 나이의 아이들과 어울리고 학습하면서 세상을 배워 가지요.

아무래도 큰 영향을 끼치는 사회화 기관은 학교입니다. 초등학교와 중고등학교를 다니면서 사회가 요구하는 규범을 배우지요. 또 학교 못지않게 큰 영향을 주는 곳이 대중매체입니다. 학교에 가기 전부터 이미 텔레비전과 친하게 지내니까요. 텔레비전은 한 인간의 어린 시절부터 노년기까지 가장 가까이에 있습니다.

그렇게 보면 사회화란 대단히 고마운 일입니다. 우리가 사람으로서 살아가는 데 필요한 기본을 가르쳐 주는 과정이니까요.

하지만 사회화에 밝은 면만 있지는 않습니다. 앞서 살펴본 사회화 개념을 조금 달리 풀면 어떻게 될까요? 사회화란 기성세대의 '틀'로 새로운 세대를 담아내는 과정 아닐까요? 그때 사회화는 어른들이 만들어 놓은 질서에 순응하는 과정이 되겠지요.

물론 우리는 어른 세대로부터 배울 것을 마땅히 배워야 합니다. 다만 공자가 '지어학'이라고 말한 열다섯 살 즈음이라면 좀 더 깊은 성찰이 필요하지요. 20세기 말의 과학기술 혁명으로 인터넷이 보편화함으로써 청소년들이 자기 세계를 열어 가는 일을 일찌감치 시작하고 있어 더 그렇습니다.

무엇보다 우리가 눈여겨볼 것은 사회화 과정의 주체가 누구인가입니다. 10대에게 가르치고 전달할 내용을 선택하고 결정하는 사람들이지요. 학교와 언론 기관, 특히 대중매체의 위험성은 더 유의해야 합니다. 대중매체는 다른 사회화 기관, 말하자면 학교나 또래 집단은 물론이고 부모의 영혼까지 틀 지우고 있기 때문이지요.

그래서이지요. 20세기 후반부터 많은 지식인들은 개개인의 자발적 의지를 무시하는 사회화 개념 자체를 재구성하고 나섰습니다. 그 가운데 흥미로운 사람이 조지 허버트 미드입니다.

미드는 개개인의 '자아'가 일방적 주입이 아니라 사회적 상호 작용의 결과로 형성된다고 보았습니다. 개인이 다른 사람과 상호 작용을 통해 사회적 의미를 이해하고, 그 상징적 의미를 중심으로 삶을 살아간다는 논리이지요.

미드는 자아를 '주체로서의 자아'와 '객체로서의 자아'로 나넣지요. 주체로서 자아를 'I'로, 객체로서 자아를 'me'로 표현했어요. 타인이 하라는 대로 행동하는 '수동적 자아, 곧 객체로서 자아'(me)만 있는 게 아니라, 사회의 '기대'와 다르게 스스로 결정하는 '능동적이고 주체적인 자아'(I)가 있다는 이론입니다.

미드는 부모나 교사처럼 큰 영향을 주는 사람을 '중요한 타인'(significant other)이라고 개념화했어요. 결국 모든 인간은 이미 자신이 태어나기 전에 살고 있던 세대가 만들어 놓은 질서 속에 출생하고, 그 속에서 중요한 타인들을 만나며 사회화하게 됩니다.

저는 그 중요한 타인 가운데 대중매체가 가장 중요하다고 생각합니다. 다른 '중요한 타인'들에게 두루 영향을 끼치는 '중요한 타인'이니까요.

여기서 미드의 개념을 조금 진전시켜 스스로 물어보기 바랍니다. 타인이 하라는 대로 행동하는 '수동적 자아, 곧 객체로서의 자아'로 살고 싶은가요? 아니면 스스로 결정하는 '능동적이고 주체적인 자아'로 살고 싶은가요? 간추리면 me냐, I냐? 선택의 문제입니다. 수동적 사회화에 머물 게 아니라 주체적으로 사회 읽기에 나서야 옳지 않을까요?

'살인과 약탈을 일삼는 무리' 의병?

자신의 하나뿐인 삶을 평생 누군가에 끌려 살아가고 싶은 사람이 과연 있을까요? 없겠지요. 사람이라면 누구나 자신의 삶에 주체로 살아가고 싶으니까요.

그런데 그게 얼마나 어려운 일인지 아시나요? 스스로 주체로 살고 있다고 자부하지만 누군가에게 철저히 기만당한 채 살아갈 수 있습니다. 우리 사회가 걸어온 역사에서 구체적 예를 들어 살펴볼까요?

조선 시대에 청소년은 서당에 다녔지요. 성리학을 배웠습니다. 그 시대의 10대 모두는 신분 제도를 당연한 질서로 받아들였지요. 물론 천민의 자녀는 서당에 갈 엄두조차 내지 못했습니다. 민주주의 사회의 기준으로 본다면 황당하기 그지없는 신분 제도를 동양과 서양을 막론하고 수천 년 동안 인류 구성원들이 묵묵히 받아들이며 살아간 '비결'도 바로 사회화에 있습니다.

조금 더 가까이, 지금 우리가 살고 있는 근·현대 사회에서 보기를 들면 더 실감 나겠지요. 서양의 근대 문명이 이 땅에 들어오던 '개항기'는 우리 역사의 큰 전환기였습니다.

우리는 학교에서 그 전환기를 살았던 의병에 대해서 배웠습니다. 일본의 낭인 무리가 조선의 궁궐에 마구 들어와 왕비를 능욕하며 살해했을 때지요. 분노한 민중은 의병으로 떨쳐 일어섰지요. 지금 그 의병을 부정적으로, 또는 비판적으로 바라보는 사람은 없습니다.

하지만 당대에는 어땠을까요? 의병으로 나선 사람도 있었지만, 더 많은 사람은 사태를 방관하거나 거꾸로 의병을 살해하는 데 가담했습니다. 당시 발행되던 신문 가운데 가장 높은 평가를 받았던 〈독립신문〉 지면이 생생한 증거입니다. 오늘 한국의 언론인들이 '신문의 날'로 기념하는 날이 바로 〈독립신문〉의 창간일(1896년 4월 7일)입니다.

생게망게한 일입니다만, 〈독립신문〉은 의병을 일러 '의병'으로 쓰지 않았습니다. 엉뚱하게도 의병을 '비도'(匪徒)로 표기

했지요. 어감에서도 느꼈겠지만 비도의 국어사전에서 뜻은 "떼를 지어 돌아다니며 살인과 약탈을 일삼는 무리"입니다. 의병 현상을 다룬 기사 내용도 '비도'가 마을 사람들에게 행패를 부린다거나 그들을 '토벌'했다는 게 대부분이었어요.

의병이 장렬하게 전사했을 때도 예외가 아닙니다. 순한글 신문 〈독립신문〉은 "비도 7놈을 죽였다."며 서슴지 않고 '놈'이라고 씁니다.

다만 〈독립신문〉만이 아니었어요. 당시 실력 양성 운동을 벌이던 '계몽 운동가'들은 의병을 비도나 폭도, 무뢰배, 불한당, 화적 따위로 부르며 '토벌'에 앞장섰습니다.

대체 그들은 왜 그랬을까요? 〈독립신문〉 논설이나 개화파가 남긴 글을 보면 공통된 논리를 확인할 수 있습니다. 그들은 백인 문명에 맞서서 동아시아 3개국이 연대해야 옳다고 주장했습니다. 여기서 '연대'하자는 주장까지는 얼마든지 이해할 수 있겠지요. 문제는 그들이 동아시아 연대를 주창하며 일본을 '맹주'(盟主, 우두머리)로 삼자고 부르댄 데 있습니다.

세상을 보는 눈, 논리라는 게 얼마나 중요한지 새삼 되새기게 됩니다. 세상을 개화파의 논리대로 읽으면 어떻게 될까요? 일본 제국주의에 대한 경계 의식은 시나브로 사라질 수밖에 없지요.

실제로 개화파 대다수가 일본에 유학한 경험을 지니고 있었습니다. 그래서이지요. 개화파는 의병에 나선 민중의 무지몽매를 꾸짖습니다. 뭘 몰라서 의병을 일으켰다는 논리입니다. 일본은 조선의 개화를 위해 근대 신문과 학교 설립을 도와주는데 그것을 침략이라고 본다면 어리석기 때문이라는 논법이지요. 게 다가 〈독립신문〉 주필이던 윤치호는 자신의 일기에 조선은 혼자 힘으로 개화할 능력이 없다고 토로합니다. 누군가의 도움을 받아야 하는데, 조선에 가장 큰 도움을 줄 수 있는 나라는 일본이라고 씁니다. 주필의 사고가 〈독립신문〉 지면에 반영되는 것은 물론이죠.

결국 개화파가 주도한 근대 언론과 근대 학교를 통해 '사회화'된 젊은이들은 의병에 참여하지 않습니다. 그 결과는 무엇이었나요?

의병이 '비도'로 몰려 스러져 가면서 조선은 일본의 식민지로 전락하게 됩니다. 흔히 조선이 일본과 벌인 전쟁에서 패해 식민지가 되었다는 식으로 무의식중에 알고 있지만, 진실은 그렇지 않습니다.

조선이 일본과의 전쟁에서 패해 식민지가 된 게 아니지요. 전쟁 없었어요. 그럼 어떻게 식민지로 떨어졌을까요? 찬찬히 돌아보세요. 1592년 임진왜란이 일어났을 때는 의병과 관군이 힘을 모아 일본군과 싸웠습니다. 하지만 1890년대 후반에는 어땠나요? 힘을 모아 일본군과 맞서기는커녕 관군이 일본군과 손잡고 의병과 싸우는 기막힌 일이 벌어졌습니다.

개화파는 한양(서울)에 주둔한 일본군에 대해서도 조선을 침략할 의도가 아니라 청(중국)과 러시아로부터 우리를 지켜 주기 위해서라고 주장했지요.

역사적 전환기에 누구 판단이 옳았는가는 오래전에 명확하게 드러났습니다. 개화파가 조선을 지켜 주려고 주둔한다고 했던 일본군은 경복궁을 에워싸고 왕을 협박했지요. 외교권을 빼앗으며 단계적으로 식민지화하는 데 힘을 행사했습니다. 그럼 조선의 군대는 어디로 갔을까요? 명장 이순신을 배출했던 조선의 군대는 대체 무엇을 했을까요?

일본은 조선군을 근대 신식 군대로 만들어 주겠다며 일본인 교관을 깊숙이 침투시켰습니다. 조선 군대 내부에서 일본군에 가진 경계심이 서서히 사라져 갈 때, 저들은 조선군을 전격 해산 시켰어요. 결국 조선은 일본과 전쟁도 치르지 않고 식민지 나락으로 떨어졌지요. 어처구니없죠? 의식의 무장 해제라는 게, 자기 두 발로 서서 자기 두 눈으로 세상을 읽지 못하는 게 얼마나 무서운 일인가를 절절하게 깨우쳐 줍니다.

침략자에 충성한 죽음이 '영예'

자기 눈으로 세상을 읽지 못함으로써 벌어지는 비극은 이 땅이 제국주의의 식민지로 전락한 뒤에도 이어집니다. 일본 제국주의가 이른바 '육군 특별 지원병제'를 실시했을 때이지요. 조선 청년을 일제 침략 전쟁의 총알받이로 쓰려는 저들의 노림수가 있었습니다.

그런데 1938년 6월 조선총독부가 조선인 지원병 모집에 나서 육군 지원병 훈련소 문을 열 때, 조선인들이 발행하던 신문들조차 그 결정을 찬양하며 신민의 의무를 다할 것이라고 다짐합니다. 강제 징집 이전의 자원입대 시절입니다.

조선 청년들이 일본군에 지원해 마침내 전장으로 나갔을 때 어떤 일이 벌어졌을까요? 짐작대로 총알받이가 되었지요. 그 죽음의 성격은 무엇일까요? 아무런 의미도 없는, 개만도 못한 죽음이었지요. 그런데 당시엔 어떻게 보았을까요? 당대의 많은 사람들이 그 죽음을 일러 "조선 지원병의 영예"라고 추켜세웠지요. 당시의 한 신문은 "조선인 지원병 최초의 영예의 전사자 이인석 군"을 대서특필했습니다.

여기서 그치지 않았지요. 기자가 "영예의 전사자" 집을 찾아갑니다. 이어 '영예의 전사자 이인석 가정 방문기' 기사를 내보냈지요. "생활은 곤란함에도 불구하고 지원병을 지원하였던 터인데 이 군의 부인은 '전선에서 돌아가셨다는 소식을 들었습니다만 남자의 당연한 일이오니 슬픈 것은 조금도 없습니다.' 하고 부군에 못지않은 굳은 뜻을 보이었다."고 썼습니다.

제 나라를 강점하고 제 겨레를 억압하며 착취하고 있는 제국주의 국가의 군대에 자원입대해 총 맞아 죽은 청년은 물론, 그 청년의 젊은 아내 또한 자기 발로 서서 세상을 읽지 못했습니다. 어리석게도 자신이 일본의 꼭두각시인 줄 모르고, 부추기는 말을 진실이라 여겼어요.

하지만 우리 선인들의 과거에 절망할 필요는 없습니다. 의병을 비도로 잘못 읽거나 침략자 일본군에 줄줄이 입대하던 당시에도 자기 발로 우뚝 서서 당당하게 현실을 직시하고 행동으로 옮긴 분들이 엄연히 존재했으니까요.

가령 안중근은 의병을 "국난을 구하려고 일어난 충군 애국 지사"로 옳게 이해했고, 스스로 "국난을 구하려고 거병한 의병"이라고 자임했습니다. 안중근은 "강도들이 도리어 우리를 폭도라 일컫고, 군사를 풀어 토벌하고 참혹하게 살육하여 두 해 동안에 해를 입은 한국인이 수십만 명에 이르렀는데도 제 나라를 지키고 외적을 막는 의병을 폭도라 매도하는 것은 적반하장"이라고 명쾌하게 밝혔지요. 이어 "타인의 나라를 빼앗은 일본병이

야말로 폭도이며 이등은 그 거괴(巨魁)"로 규정하고, 일본인들이 당대는 물론 지금도 '영웅'으로 받드는 이등박문(伊藤博文)을 권총으로 사살하지 않았습니까?

일제 강점기에도 숱한 조선 청년이 일본 제국주의와 맞서 민족 해방의 길에 몸 바쳤습니다. 더러는 압록강과 두만강을 건너 무장 투쟁에 나섰고, 더러는 국내에서 노동자와 농민 속으로 들어가 민중을 조직해 나갔지요. 그들이 있었기에 이 땅에 민족의 정기가 연면히 이어지는 게 아닐까요?

다만 여기서 잊지 말아야 할 교훈이 있습니다. 독립운동에 나선 청년보다 진실을 잘못 알고 일제에 순응하거나 적극 동조한 청년이 더 많았다는 사실입니다. 그 대가는 참혹했지요. 우리 힘으로 독립을 이루지 못했고, 그 결과 나라가 미국과 소련의 38선 분할 점령으로 분단되었지요. 이어 남과 북의 동족상잔으로 400여만 명이 숨졌습니다.

만일 일제 강점기 때 우리 민족과 민중 앞에 놓인 진실을 대다수 청소년이 자기 두 발로 서서 옳게 인식했다면, 그래서 400만 명의 10분의 1인 40만 명이라도 독립운동에 나섰더라면, 우리는 분단의 비극을 맞지 않았겠지요. 해방된 지 5년 만에 남과 북의 청년이 서로를 겨눠 총을 쏘며 400만 명을 학살하는 참극은 더더욱 피할 수 있었겠지요. 같은 실수를 되풀이하지 않으려면 자기 발로 우뚝 서서 똑바로 진실을 보는 게 자신의 삶, 목숨과 직결된다는 교훈을 가슴에 새겨야 옳지 않을까요?

역사는 만만하지 않습니다. 결코 쉽게 진보하지 않아요. 일본에서 '공부'하고 온 몇몇 학자는 21세기인 오늘날에도 국립대인 서울대학교의 경제학과 교수로 재직하며 일제 강점기에 우리나라가 근대화가 되었다는 '식민지 근대화론'을 주장하였습니다. 그들은 '뉴라이트 운동'을 조직하거나 국회의원이 되어 중등학교 역사 교과서 개악 활동까지 벌이고 있지요. "역사로부터 아무것도 배우지 못하는 민족에게 역사는 반드시 보복한다."라는 역사학자 아놀드 토인비의 경구가 새삼 전율로 다가오는 까닭이 여기에 있습니다.

민주 시민도 '착각'했던 진실

의병을 '비도'로 알도록 사회화되었던 선인들 이야기를 톺아보았습니다. 예로 든 보기가 오래된 사건이기에 현실감 없을지 모르겠어요. 하지만 그 이야기를 꺼낸 이유가 있습니다. 그 시기가 이 땅에서 근대화가 시작된 출발점이기 때문이지요. 처음부터 뒤틀린 세상 읽기는 첫 단추를 잘못 끼웠을 때처럼 그 뒤 두고두고 영향을 끼치게 마련입니다. 개만도 못한 죽음을 '영예'로 인식한 것도 그 연장선입니다. 좀 더 가까운 보기를 들어 볼까요? 먼저 다음 방송에 귀 기울여 보세요.

"지금 부산 앞바다에는 미 항공모함 두 대가 정박해 있습니다. 잔인무도한 저들의 살육이 더 이상 계속되는 것을 방지하고 광주 시민을 지원하기 위해 왔습니다. 시민 여러분, 안심하십시오."

1980년 5월 26일, 광주 시내에 울려 퍼졌던 방송 내용입니다. 한국 민주주의 역사에 찬연히 빛나는 5·18 광주 민중 항쟁은 당시 전두환 일당이 1980년 5월 17일 자정을 기해 불법적으로 선포한 '비상계엄 전국 확대'가 원인이었습니다. 전남대학교에 진주한 계엄군이 도서관에서 밤새워 면학에 몰두하던 학생들을 마구 구타하고 구금하면서 항쟁의 막은 올랐지요. 이어 18일 오전 10시에 학교에 온 학생들이 정문에서 학교 출입을 막는 계엄군에게 항의하면서 충돌이 벌어졌습니다.

영화 〈화려한 휴가〉가 생생하게 담아냈듯이 계엄군의 잔인한 학살에 맞서 오월의 민주 시민들은 스스로 무장했습니다. 그리고 마침내 계엄군을 광주에서 몰아냈지요. 민중의 거센 항쟁으로 쫓겨난 계엄군은 광주를 포위하고 전열을 가다듬었습니다. 다시 무력 진압할 태세를 갖추어 갔지요.

앞에 인용한 방송은 바로 그 시점에 '광주 민주화 투쟁 대학생 대책 본부'가 광주 시내를 돌며 가두선전한 핵심 내용입니다. 5월 26일 그날은 긴장감이 감돌던 시점이었지요. 가두방송만이 아니었습니다. 민주 시민들이 현장에서 직접 만들어 배포했던

신문도 그랬지요. 같은 날짜에 발행된 〈민주시민회보〉 9호를 볼
까요?

> 광주 민주 시민 여러분께. 이 나라의 민주주의와 이 고장의 자유
> 와 정의를 지키기 위해 총궐기한 민주 시민 여러분! 승리의 그날
> 은 점차 다가오고 있습니다. (……) 미 제7함대 소속 항공모함 두
> 척이 부산에 정박하여 전두환 일파의 더 이상의 무모한 만행을 견
> 제하고 있으며(……)

5월 항쟁의 다큐멘터리나 영화 〈화려한 휴가〉를 본 독자라
면 그 호소가 당시 얼마나 절박하게 와 닿았을까 미루어 짐작할
수 있을 터입니다.

하지만 진실은 정반대였지요. 미국은 이미 광주 항쟁 초기
인 1980년 5월 22일 백악관 회의에서 "사태가 통제 불능으로 악
화될 경우 미국이 직접 군사적으로 개입하는 방안"을 협의했습
니다. 그 회의에는 에드먼드 머스키 국무장관, 즈비그뉴 브레진
스키 국가안보보좌관, 헤럴드 브라운 국방장관, 데이비드 존스
합참의장, 스탠스필드 터너 중앙정보국장이 참석했습니다.

같은 날 미국은 광주 민주 시민을 학살하려는 쿠데타군의
병력(20사단) 추가 이동을 승인했습니다. 미국이 무력 진압을 지
원하고 있을 때 한 신문은 사설 "도덕성을 회복하자"(5월 25일
자)에서 다음과 같이 주장했습니다.

> 우방의 여러 나라에서는 한국 정정(政情)의 불안을 자기 일처럼
> 걱정하고 안타까워하며 진정 어린 충고를 보내 주고 있다. (……)

광주 민중 항쟁은 민주주의의 요구를 잠재우려던 군부의 폭력으로 시작되었다.

참으로 고마운 말임에는 틀림없으나 비극의 나라를 우방으로 둔 그 나라에 대해서 목하 거추장스런 짐이 돼 있는 우리로선 당혹스런 착잡한 심정마저 누를 길 없다.

학살당하는 민주 시민보다 미국에 "거추장스런 짐이 돼 있는" 점에 "당혹스런 착잡한 심정"을 토로했지요. 사설은 심지어 "사회 혼란의 틈바구니에서 또는 격앙된 군중 속에서 간첩이나 오열(五列, 내부의 적을 일컬음)이 선동하고 파괴와 방화 살상의 선봉적 역할을 하리라는 것은 쉽게 짐작할 수 있는 일"이라고 주장했습니다.

같은 날 사회면 "무정부 상태 광주 1주. 바리케이드 너머 텅 빈 거리엔 불안감만"이라는 제목의 머리기사는 "고개의 내리막길에 바리케이드가 쳐져 있고, 그 동쪽 너머에 '무정부 상태의 광주'가 있다. 쓰러진 전주, 각목, 벽돌 등으로 쳐진 바리케이드 뒤에는 총을 든 난동자들이 서성이고 있는 것이 멀리서 보였다.”고 보도했습니다. 다른 신문도 마찬가지입니다.

민주 시민을 '난동자'로, '폭도'로 몰아세우는 여론 조작이 펼쳐진 뒤에 마침내 미국 항공모함이 부산에 입항했습니다. 항공모함이 부산에 들어온 이유는 포위된 민주 시민을 구하기 위해서가 결코 아니었지요. 정반대로 쿠데타군과 공조하기 위해서였습니다. 결국 가두방송과 〈민주시민회보〉가 항공모함을 반겼던 바로 그날 저녁에 전남 도청은 이 땅에서 평범하게 살다 폭력에 맞서 싸우던 민주 시민들의 피로 물들어 갔습니다.

그랬습니다. 당시 항쟁의 지도부는 “광주 시민 의거를 왜곡 보도 허위 날조 하고 있는 라디오, TV 방송, 언론에 현혹되지 마십시오. 이들은 우리를 폭도로 몰고 있는 자들”이라고 당부했습니다. 하지만 지도부 한편에선 시민들에게 미국을 '구원자'로 알리는 착오를 범했습니다.

광주 항쟁을 겪고 나서야 비로소 전후 세대는 미국에 대해 다시 생각하기 시작했습니다. 자기 발로 서는 게 얼마나 어려운가를 새삼 깨달을 수 있는 보기이지요. 한국 현대사 연구자인 미국의 브루스 커밍스는 “광주 항쟁의 교훈 가운데 하나는 미국 지도자들이 한국의 민주주의를 지원해 줄 것이라고 믿어서는 안 된다는 것”이라며 “한국인 스스로 민주주의를 건설해야 한다.”라고 강조했습니다.

그럼에도 미국이 한국 민주주의를 지원해 준다고 생각하는 사람들이 아직까지 우리 주변에 많지요. 사회화 과정에서 형성된 고정관념을 열린 눈으로 되짚어 보지 않아서입니다.

자기 발로 서고 싶은 사람에겐 진실을 찾으려는 호기심이 생기게 마련입니다. 자기 두 발로 서서 사회를 읽기 시작할 때, 바로 그때 우리는 역사와 만나게 됩니다. 역사 속에서 사회를 돌아보고 전망할 때 비로소 진실을 온새미로 파악할 수 있기 때문이지요.

그런데 여기서 생각해 볼 것은 역사 또한 그것을 포괄하고 있는 더 큰 전체의 일부라는 진실입니다. 인간의 모든 역사를 작은 일부로 담고 있는 더 큰 무엇이 있지요. 바로 우주입니다.

우주와 역사 앞에서 자기 두 발로 우뚝 서려면, 적어도 우주가 걸어온 길, 그리고 그 속에서 인류가 걸어온 길을 성찰해야겠지요.

우주와 역사의 길을 이해하면 이해할수록 그만큼 우리 개개인의 존재는 더 넓고 더 깊어집니다. '무한한 공간의 영원한 침묵'인 우주는 물론, 인류가 겪어 온 역사까지 우리 개개인의 삶과 그 내면에 고스란히 들어올 수 있으니까요.

인류의 길 톺아보기 ³

인류가
역사의 길을
쉼 없이
걸어온 힘은
사랑과
싸움이었습니다

어디서 와서 어디로 가는가

그는 학교에서 전혀 눈에 띄지 않았습니다. 아무런 특징이 없는 아이였지요. 수업에도 전혀 관심이 없었어요. 언제나 공상에 잠겨 있었습니다. 성적은? 당연히 나쁠 수밖에요. '발달'이 늦은 '부진아'의 전형이었습니다.

누구일까요? 인류 역사를 수놓은 숱한 천재들이 떠오를 터입니다. 프랑스의 후기 인상파를 대표하는 화가 폴 고갱도 그 가운데 한 사람이었습니다. 고갱이 학교생활에 흥미를 느끼지 못한 이유는 예민한 감성 때문이었지요.

고갱은 뒤늦게 서른다섯 살에 그림을 그리기 시작했습니다. 자신의 길을 찾아 안락한 가정도 직장도 모두 버렸지요. 화려한 프랑스 도시를 혐오해 마흔세 살에는 남태평양의 풍광 좋은 섬

타히티로 들어갔습니다.

그리고 바다로 둘러싸인 숲에서 가식 없이 살아가는 사람들과 하나가 되었습니다. 그들 삶의 순간순간을 강렬한 색채로 화폭에 담아냈지요. 숱한 고통과 불행을 겪은 고갱이 마지막 불꽃을 태워 완성한 대작이 있습니다.

〈우리는 어디서 왔는가, 우리는 누구인가, 우리는 어디로 가는가〉

최후의 걸작에 붙인 긴 제목입니다. 오른쪽에서 왼쪽으로 시점이 옮겨 가도록 구성했지요. 맨 오른쪽에 아기가 누워 있습

고갱, 〈우리는 어디서 왔는가, 우리는 누구인가, 우리는 어디로 가는가〉, 1897년

니다. 가운데는 과일 따는 젊은이가, 맨 왼쪽엔 귀를 막은 채 웅크려 떨고 있는 늙은 여인이 보입니다. 인간의 탄생(과거)과 삶(현재), 죽음(미래)을 강하고 거친 붓질로 담아낸 작품입니다.

인간으로 태어난 우리 모두는 언젠가 죽음을 맞을 수밖에 없습니다. 그 운명을 피할 사람, 아무도 없지요. 개개인만이 아닙니다. 인류 자체가 아예 존재하지 않다가 과거 어느 시점에 비로소 등장했습니다. 인류가 언제 절멸할지는 아무도 확신할 수 없겠지요. 머나먼 미래의 문제이니까요.

하지만 인류가 나타나기 전에 지구를 지배하다가 절멸한 존재가 있습니다. 무엇이 떠오르나요?

공룡입니다. 타히티의 원시생활에서 고갱이 던진 질문을 거슬러 올라가 공룡 시대에 던져 볼까요? 흔히 공룡을 포악한 존재로만 여깁니다. 하지만 공룡은 적어도 1억 6000만 년 동안 지구의 당당한 패권자였습니다. 인류는 그 시기에 아예 존재조차 없었지요.

1억 6000만 년. 겨우 21세기를 살아가는 우리 인류에겐 그 시간, 곧 160만 세기란 상상하기도 까마득한 세월입니다. 기록된 인류의 역사가 고작 수천 년에 지나지 않는다는 사실을 고려해 보세요.

2억 3000만 년 전부터 1억 6000만 년 동안 지구에 군림했던 공룡은 갑작스레 절멸합니다. 만일 공룡이 절멸하지 않았다면, 인간의 문명이란, 아니 그 이전에 인간이란 존재 자체가 지상에 출현할 수 없었겠지요. 할리우드 영화의 상상력과 달리 인류가 공룡과 공존하지 않았던 게 얼마나 다행인가요? 공룡의 절멸은 우리 인류가 비로소 존재할 수 있는 조건이었지요.

그렇다면 1억 6000만 년 동안 지구를 지배한 공룡은 왜 갑자기 절멸했을까요? 공룡이 절멸한 7000만 년 전은 중생대에서 신생대로 넘어가는 경계입니다. 공룡이 갑작스레 절멸한 원인을 인류는 여러 가지로 분석하고 있습니다. 현대 과학의 가장 유력한 설명은 큰 운석과의 충돌이지요. 과학자들이 주목한 것은 밥티스티나 소행성군(Baptistina asteroid family)인데요. 1억 4000만 년~1억 9000만 년 전에 화성과 목성 사이의 궤도를 돌던 두 소행성이 충돌할 때 생겨난 파편들에 붙인 이름입니다.

지름이 각각 170킬로미터와 60킬로미터 정도인 소행성이 정면으로 충돌하면서 지름 10킬로미터가 넘는 파편 300여 개, 지름 1킬로미터 이상의 파편 14만여 개가 생겨났습니다. 그 가운데 지름 10킬로미터가 넘는 파편 하나가 6500만 년 전에 지구로 돌진해 왔습니다.

물론 지구에는 수많은 운석이 떨어지지요. 하지만 대부분의 운석은 지구 대기권에 들어오면서 모두 타 버리거나 작아집니다.

그런데 지름 10킬로미터 정도의 운석이라면? 어떻게 될까요? '집채만 한 바위'라는 표현도 전혀 어울리지 않지요. 히말라야 산맥보다 더 큰 운석이 전속력으로 달려와 지구와 부닥친다면? 지각을 30킬로미터까지 뚫고 간답니다. 곳곳에 맨틀이 드러났을 정도이니 얼마만 한 충격이었을까요? 지구 표면에는 지름 100킬로미터 이상의 큰 구덩이가 생기고 진도 10 이상의 초강진이 광범위하게 일어나겠지요. 화산의 동시 다발 폭발로 지구 곳곳은 지옥으로 변했겠지요.

게다가 운석 질량의 두 배 가까운 먼지가 성층권을 뚫고 올라가 대기 중에 머물게 됩니다. 그 결과 태양 빛을 가로막지요. 지상의 온도가 급속도로 떨어져 지구 전체가 혹한을 맞는 '핵겨울'이 됩니다. 식물의 광합성도 막혀 대재앙이 지속됩니다.

공룡이 인류에게 던지는 질문

고갱의 걸작이 던진 질문으로 돌아가 볼까요. 공룡은 어디서 와서 어디로 갔을까요? 대체 공룡이란 존재의 의미는 무엇이었을까요?

아울러 찬찬히 스스로에게 물어보기 바랍니다. 대체 우리 인류는 어디서 왔는가를. 광대한 우주에서 우리 인류는 어디로 가는가를. 그 물음은 공룡이 절멸로써 던지는 질문이지요.

현대 과학은 지금으로부터 137억 년 전에 일어난 대폭발로 우주의 역사를 설명합니다. 대폭발 뒤 수억 년쯤 지나면 수소와 헬륨이 중력으로 모여서 별과 은하를 만든다고 하지요. 대폭발 뒤 80억 년이 지났을 때, 곧 지금으로부터 50억 년 전에 지구를 포함한 태양계가 태어났습니다.

생명은 지구에 기적처럼 출현합니다. 그럼에도 최소한 다섯 차례에 걸쳐 대량 절멸이 일어났습니다. 절멸(extinction). 한 종에 속하는 모든 개체가 죽음을 맞는 사건입니다.

지금까지 모두 50억~500억 종의 생명체가 지구상에 나타났습니다. 대부분 절멸했지요. 그 가운데 겨우 0.1~1%의 종만 생존하고 있습니다. 그러니까 오늘날 우리와 함께 살아가고 있는 모든 생명체는 숱한 절멸의 재앙을 이겨 내며 살아남은 종이지요.

우리 인류도 그 가운데 하나입니다. 인류가 처음 등장한 시기는 지금부터 300만 년쯤 전입니다. 대폭발 시점으로 추정하는 137억 년을 우주의 나이로 삼을 때, 137억 살을 인간의 시간대 1년에 비유하면 어떻게 될까요? 우주가 1월 1일 0시에 태어나서 현재가 12월 31일 24시라고 한다면, 인간이 탄생한 시점은 12월

31일 23시 40분입니다. 다시 말해 우주를 1년으로 치면 인류는 고작 20분 동안 존재한 셈이지요. 더구나 호모 사피엔스로부터 따지면 인류 역사는 더 줄어들지요. 선사 시대를 지나 역사 시대만 따지자면 아무리 길게 잡아도 1만 년이 되지 않습니다.

그러니 우리가 우주를 이해한다고 할 수 있을까요? 서울대학교 교수인 우주물리학자 최무영은 다음과 같이 비유합니다.

1000층 높이의 건물이 있는데 그 지하 10층 바닥에 개미가 한 마리 있어요. 물론 지하실이라서 빛은 전혀 없죠. 개미가 거기서, 과연 이 건물이 어떻게 생겼을까 하고 추측하는 것보다 인간이 우주의 모습을 알아내는 것이 더 어렵다고 할 수도 있습니다. 크기를 비교하면 개미와 1000층짜리 건물의 차이보다 인간과 우주의 차이가 훨씬 더 크기 때문이지요. 사실 인간이 우주를 어떻게 이해할 수 있을지, 그것이 과연 가능한지는 수수께끼 같은 문제입니다.

물론 아인슈타인은 자신했지요. "우주에 대해 가장 이해할 수 없는 점은 우주가 인간에게 이해되어진다는 사실"이라고요. 아인슈타인 같은 천재가 아니어서일까요? 더 겸손해질 수밖에 없습니다. 과연 우리가 얼마나 우주를 '이해'할 수 있을까요? 우주는 여전히 알려지지 않은 진실로 가

아인슈타인(1879~1955)

득합니다. 1억 6000만 년 동안 지구에 군림했던 공룡을 절멸시킨 운석이 앞으로 지구를 찾아오지 않으리라고 누가 장담할 수

있을까요?

설령 그것을 피할 수 있다고 하더라도 지구는, 아니 태양이라는 우리의 별조차 영원불멸의 존재가 아니지요. 언젠가 태양은 저 수많은 별들의 운명이 그렇듯이 차갑게 식어 죽음에 이르게 됩니다. 그때 인류의 운명은 어떻게 될까요?

우리는 어디서 와서 어디로 가는가? 물론, 그것은 공룡이 던진 물음도, 공룡에게 던진 질문도 아닙니다. 다만 공룡의 운명에 견줄 때, 인류에게 깊은 성찰을 던져 줍니다.

밤하늘에 총총한 별 무리를 보노라면 우리 인간은 하릴없이 경건하게 묻게 되지요. 우리는 어디서 와서 어디로 가는가? 그 질문에 우리는 정답을 쓸 수 없습니다. 우리는 누구인가? 그 질문에도 우리는 정답을 말할 수 없지요. 비극입니다. 하지만 정답을 알 수 없다는 데에 바로 인간의 존재 의미가 있지 않을까요? 인간이 원천적으로 지닌 호기심도 그곳에 뿌리를 두고 있으니까요.

별을 노래한 윤동주와 칸트

가슴 속에 하나 둘 새겨지는 별을
이제 다 못 헤는 것은
쉬이 아침이 오는 까닭이요,
내일 밤이 남은 까닭이요,
아직 나의 청춘이 다하지 않은 까닭입니다.
별 하나에 추억과

별 하나에 사랑과

별 하나에 쓸쓸함과

별 하나에 동경과

별 하나에 시와

별 하나에 어머니, 어머니.

어머님, 나는 별 하나에 아름다운 말 한마디씩 불러 봅니다.

윤동주(1917~1945)

　　윤동주의 시 '별 헤는 밤'의 일부이
지요. 윤동주는 유난히 별을 많이 노래
했습니다. 연희전문 시절 윤동주는 스스
로 원고지에 쓰고 추려서 시집을 묶은
뒤 표지에 '하늘과 바람과 별과 시'라고
썼어요. 그 시집의 압권은 무엇보다 '서
시'이지요.

죽는 날까지 하늘을 우러러

한 점 부끄럼이 없기를,

잎새에 이는 바람에도

나는 괴로워했다.

별을 노래하는 마음으로

모든 죽어가는 것을 사랑해야지.

그리고 나한테 주어진 길을

걸어가야겠다.

오늘 밤에도 별이 바람에 스치운다.

‘서시’의 전문입니다. 이 시에서 가장 울림이 깊은 대목은 “별을 노래하는 마음으로 / 모든 죽어가는 것을 사랑해야지.”가 아닐까요? 우주 속에서 사람의 길을 간결하게 표현하고 있습니다.

별이 인간에게 주는 경건함은 서양의 근대 철학자 임마누엘 칸트의 글에서도 만날 수 있습니다. 칸트가 『실천이성비판』을 마치며 쓴 문장은 그의 묘비명으로 더 많이 알려져 있지요.

‘자주 그리고 끊임없이 숙고할수록 언제나 새롭고 더 커지는 놀라움과 두려움으로 마음을 가득 채우는 두 가지가 있다. 내 위에 별이 빛나는 하늘과 내 맘 속에 도덕 법칙.’

칸트. 서양 근대 철학사에서 그의 위치는 확고합니다. 칸트가 평생 동안 추구한 문제는 다음 세 가지입니다.

첫째는 ‘나는 무엇을 알 수 있는가’입니다. 앎을 추구하기에 앞서 근본적으로 인간이 얼마나 알 수 있는가를 성찰하는 질문이지요. 칸트의 이 물음은 결국 서양 철학사에서 인식론의 혁명을 가져옵니다. 종래의 모든 형이상학은 칸트의 물음 앞에서 비판적 성찰을 할 수밖에 없었지요.

둘째는 ‘나는 무엇을 해야 하는가’입니다. 어떻게 살아야 옳은가라는, 인류의 오랜 물음이지요.

마지막으로 ‘나는 무엇을 소망할 수 있는가’입니다.

칸트는 세 문제가 ‘인간이란 무엇인가’라는 물음으로 귀결된다고 보았습니다. 인간을 탐구해 가는 철학적 사색에서 칸트는 계몽의 중요성을 강조했지요. ‘계몽이란 무엇인가라는 물음에 대한 답변’(1784)에서 칸트는 명료하게 밝힙니다.

“계몽이란 스스로에게 책임이 있는 미성숙(미숙함)으로부터 벗어나는 것이다 '미성숙'은 다른 사람의 도움을 받지 않고서는 자신의 이성을 사용할 수 없는 상태이다."

계몽에 대한 칸트의 짧은 에세이는 그를 '계몽 시대'의 '상징'으로 만들었습니다. '계몽의 별'인 칸트의 말에 조금 더 귀 기울여 볼까요?

"미성숙이 '스스로에게 책임이 있다.'고 하는 이유는 그것이 이성 자체의 결핍 때문이 아니라 다른 사람의 도움 없이 스스로 이성을 사용하려는 결단과 용기의 결핍에서 말미암기 때문이다. 과감히 지혜롭고자 하라! 당신 스스로의 이성을 사용할 용기를 가져라! 이것이 바로 계몽의 표어이다."

논점이 선명합니다. 칸트가 이야기했듯이 계몽은 자신의 미성숙에서 벗어나는 일입니다. 그렇다면 성숙은 무엇일까요? "다른 사람의 도움 없이 스스로 이성을 사용"하는 단계입니다. 우리가 살펴본 '자기 발로 우뚝 서기'이지요. '자기 두 눈으로 세상 보기'입니다.

칸트가 그것에 '결단'과 '용기'가 필요하다고 강조한 대목은 깊이 새겨 볼 만합니다. 적잖은 사람이 평생 자신의 이성을 스스로 사용할 용기를 갖지 않기 때문입니다. 아니, 칸트는 '적잖은 사람'이라고 하지 않았습니다. 자신의 두 발로 서서 자신의 두 눈으로 세상을 읽으려는 결단과 용기를 '대부분의 사람들'이 갖고 있지 않다며 다음과 같이 날카롭게 지적했습니다.

대부분의 사람들은 자연적인 성숙에 따라 이미 오래전에 다른 사람의 지도로부터 해방되었음에도 게으름과 비겁으로 일생 동안 기꺼이 미성숙한 상태에 머물게 되고 쉽사리 후견인에게 자기 자신을 내맡기게 된다. 미성숙에 머무는 것은 너무나 편안하다. 만약 나에게 이성의 역할을 해 줄 책이나 나의 양심이 되어 줄 정신적 지도자나 나의 건강관리를 판단해 줄 의사가 있다면, 나는 수고스럽게 스스로 고생할 필요가 없을 것이다.

여기서 잠시 책을 접고 주변을 둘러보기 바랍니다. 누군가에게 판단을 맡겨 놓고 살아가는 사람들이 누구인가를. 칸트는 아무 머뭇거림 없이 갈파하지요. 그 사람들은 "일생 동안 미성숙한 상태"에 머물게 된다고. 그 이유도 명토 박았지요. 무엇인가요? "게으름과 비겁"입니다. 칸트의 성숙 개념은 "우리는 남에게 의존하지 않는 것부터 배워야 한다."는 마하트마 간디의 경구와도 이어집니다.

칸트는 인류 역사의 도덕적 진보를 굳게 믿었습니다. 인류가 윤리적 공동체를 더 넓히는 과정, 기존 사회를 도덕적으로 바꾸는 과정에서 계몽을 강조했지요. 그 과정은 또한 인간의 내적 자유와 자율이 실현되어 가는 길이기도 했습니다.

계몽의 별 칸트의 무지몽매

계몽의 별 칸트. 그도 넘어설 수 없는 시대적 한계는 있었습니다. 가령 칸트는 아래로부터 민중의 혁명을 부정하며 당시의 군주 제도를 옹호했습니다.

"(결함 있는) 헌법의 변혁이란 그것이 극히 필요하다고 생각되는 경우라 할지라도 군주 자신만이 '개혁'에 손댈 수 있을 뿐, 결코 백성에 의한, 곧 혁명에 의한 변화는 허용될 수가 없다."

하지만 칸트는 실제로 혁명이 일어나자 생각이 바뀝니다. 1789년 프랑스 혁명이 일어나고 신문에서 공화국이 선포되었다는 소식을 전해들었을 때, 칸트는 눈물을 글썽이며 친구에게 말했습니다.

"이제 나도 시므온과 같이 말할 수 있겠어. 주여! 내가 구원의 날을 보았으니, 이제 주께서 허락하시면 당신 종은 평화로이 죽겠나이다."

프랑스 혁명이 숱한 피를 불렀을 때도 칸트의 생각은 흔들리지 않습니다. 칸트는 프랑스 혁명을 "인류의 도덕적 성향을 입증하는 우리 시대의 사건"으로 규정하며 다음과 같이 썼습니다.

오늘날 우리가 목격하는 슬기로운 한 민족의 혁명은 물론 성공할 수도 있고 실패할 수도 있을 것이다. 또한 거기에는 갖가지 재난이나 잔학한 행위가 일어나기에, 심사숙고하는 사람이라면 그와 같은 일을 다시 저질러 볼 생각을 했다가도 엄청난 대가를 감수해야 하는 실험을 감행하려고 나서진 않을 터이다. 그러나 여기서 한 가지는 분명히 말할 수 있다. 혁명에 휩쓸리지는 않고 이를 바라보는 처지에 서 있는 사람들도 마음속으로 그러한 소용돌이 속에 개입하고 싶어 하며, 그것은 의사 표시만으로도 위험이 따르는 열광 상태라고 할 수 있다. 나아가 우리는 이 같은 관심이야말로 인류의 도덕적 심성에서 발단된 것이라고 해야 할 것이다.

칸트는 인류의 역사가 진보하는 과정에서 갈등을 적극 긍정합니다. 실제로 사람이 모여 사는 사회에는 수많은 부정적 계기들, 곧 불화, 허영, 소유욕, 지배욕, 명예욕 따위로 갈등이 불거

칸트(1724~1804)

질 수밖에 없지요. 갈등은 그 자체로서는 결코 바람직한 게 아니지만, 역사철학의 눈으로 보면 진보의 추진력이라는 게 칸트의 분석입니다. 칸트는 그 예로 숲 속에 있는 나무들이 "공기와 햇빛을 서로 빨아들이려고 함으로써" 아름답고 곧게 자라난다는 논리를 폅니다.

그런데 미성숙에서 벗어나기를 호소하고 인간의 도덕성을 별이 총총 빛나는 밤하늘과 더불어 강조했던 칸트가 끝내 '무지몽매'를 넘어서지 못한 '장벽'이 있었습니다. 바로 성 차별이었지요.

칸트는 여성이 교육받는 일은 자연법칙에 어긋난다고 '판단'했습니다. 과학은 '남성의 영역'이라 착각했지요. 가령 칸트는 지금이라면 큰 파문을 불러올 발언을 서슴지 않았습니다.

"샤틀레 후작 부인처럼 복잡한 수식을 토론하는 데 열중하거나 다시에 부인처럼 머릿속에 그리스어가 가득 찬 여성은 수염을 기르는 편이 나을지도 모른다. 그래야 자신들이 그토록 열심히 심오한 지식을 추구하고 있다는 사실이 더 분명해질 것이다."

칸트는 심지어 "여성이 남성이 되고 싶어 하는 것은 비밀이 아니지만 여성이 되고 싶은 남성은 아무도 없다."고 주장했습니다. "모든 인간을 목적으로만 대하지 수단으로 대하지 말라."는 자신의 정언 명령(定言命令)을 스스로 부정하는 편견이었지요.

칸트가 수염을 기르는 편이 나을지도 모른다고 조롱했던 샤틀레 후작 부인의 이름은 에밀리 뒤 샤틀레입니다. 계몽사상가 볼테르의 애인이었던 그는 총명한 물리학자였지요. 기하학과 철학을 깊이 공부한 샤틀레는 볼테르가 『뉴턴 철학의 요소들』을 저술할 때 수학 지식을 보완해 줄 정도였다고 합니다. 하지만 샤틀레는 자신의 능력을 꽃피울 수 없었지요. 칸트의 조롱에서도 나타나듯이 여성에게 가해지는 제약을 벗어나지 못했습니다. 샤틀레가 남긴 말은 처절합니다.

"내가 왕이 된다면 실험을 하고 싶다. 인류의 절반을 얽매어 놓은 악습을 뜯어고치겠다. 나는 여성 또한 인류의 모든 권리를, 무엇보다 교육받을 권리를 누리게 할 것이다."

결국 여성에 대한 칸트의 조소는 두고두고 칸트 자신을 조소하는 일화로 남겨졌습니다. 물론 그것이 칸트만의 무지몽매는 아니었지요.

날카로운 예지에 더해 평생 검소한 생활로 유명한 스피노자도 "여성은 본질에서 남성과 동등할 수 없다. 남성과 여성이 동등하게 통치를 한다는 것은 불가능하다. 게다가 남성이 여성의 지배를 받는다는 것은 더더욱 있을 수 없는 일"이라고 주장했습니다.

냉철한 철학자들조차 그러했으니 현실은 미루어 짐작할 일입니다. 남녀 차별의 뿌리는 깊습니다. 20세기가 동틀 때도 여성에겐 투표권이 주어지지 않았으니까요.

성 차별만이 아니지요. 인류의 길을 톺아보면 오랜 세월에 걸쳐 온갖 차별이 있었음을 새삼 발견할 수 있습니다. "과감하게 지혜롭고자 하라."고 동시대인에게 촉구한 칸트의 여성 차별을 살펴보았습니다만, 결코 그만의 미숙함이 아니었지요. '지혜를 사랑한다'는 철학자들이 야만적인 노예 제도의 혜택을 누리

플라톤(기원전 428~기원전 348)과 아리스토텔레스(기원전 384~기원전 322)

며 그 차별과 억압을 아무런 의심 없이 옹호했던 사실도 새겨
볼 대목입니다. 가령 아리스토텔레스는 다음과 같이 말했어요.

> 누구는 지배하고 또 누구는 지배당하여야 한다는 것은 필요 불가
> 결할 뿐만 아니라 유익한 것이므로 출생 시부터 어떤 자는 복종하
> 도록, 또 어떤 자는 지배하도록 구별 지어져 있는 것이다. (……)
> 노예에게는 심사숙고하는 능력이 완전히 결여되어 있고, 여성은
> 이 능력을 갖고 있으나 권위를 수반하지 못하며, 유아도 이 능력
> 을 갖고 있으나 미숙하다.

그리고 플라톤은 태어날 때부터 사람들 사이에 우열을 설정
할 뿐만 아니라 우수한 남자와 여자를 결합시키는 우생학적 주
장을 폈습니다. 그가 바로 철인 정치를 주창한 철학자라는 사실
은 쓴웃음을 짓게 합니다.

플라톤과 아리스토텔레스는 물론 스피노자와 칸트에 이르는 어리석음의 발자취는 우리에게 더불어 살아가는 사람들 앞에 겸손할 것을 '반면교사'로 가르쳐 줍니다. 당대의 내로라하는 현인과 철인들이 노예 제도나 여성 차별을 당연히 여겼던 모습은, 인간이 그가 살고 있는 시대의 한계를 벗어날 수 없다는 증거이기도 하지요. 아마도 21세기를 살아가는 우리도 예외는 아니겠지요. 우리가 미처 의식하지 못하는 시대의 한계에 모두 갇혀 있을 가능성이 높지 않겠습니까? 그 한계가 무엇인지, 진실을 밝혀내는 사람이 인류사에 새로운 지평을 열겠지요.

역사의 원동력 : 사랑과 싸움

"모든 역사는 거짓말이다." 프랑스 계몽사상가 볼테르가 한 촌철살인의 말입니다. 물론 역사를 톺아보면 인류가 저질러 온 어리석음만이 아니라 잔혹한 범죄들을 발견할 수 있습니다.

하지만 인류의 역사가 어리석음과 거짓으로만 가득 차 있는 것은 결코 아닙니다. 역사를 깊이 톺아보면 인류가 스스로 저지른 온갖 잘못과 차별을 오랜 세월에 걸쳐 지며리 해소해 왔다는 진실을 발견할 수 있습니다. 그렇다면 누가 어떻게 역사를 바꿔 갔을까요? 역사가 앞으로 나아가며 발전하는 원동력은 과연 무엇일까요?

비록 우주에 견주어 인류가 걸어온 길은 365일 가운데 20분도 되지 않는 짧은 시간이지만, 인류에게 그 '20분'은 인류를 구성하는 개개인의 인생으로선 가늠하기 어려울 만큼 기나긴 여정이었습니다.

300만 년에 걸친 인류의 여정 대부분은 기록이 남아 있지 않은 선사 시대의 것입니다. 선사 시대부터 오늘 우리 개개인에 이르기까지 전개되어 온 인류의 길, 그 길을 이어 준 힘은 무엇일까요?

역사의 원동력을 두고 철학자와 종교인들이 이런저런 이야기를 줄곧 해 왔지요. 지금도 합의를 이루지 못했습니다. 역사와 사회를 어떻게 바라보느냐에 따라 '원동력'이 다르기 때문이지요. 어떤 이는 역사가 신의 섭리라고 보는 반면, 어떤 이는 인간의 눈먼 우매함을 보여 주는 전시장이라고 혹평했습니다. 역사를 절대정신의 구현으로 보기도 하고, 계급투쟁으로 풀이하기도 합니다. 역사를 보는 눈, 곧 사관(史觀)이란 말이 역사철학에서 중시되는 이유이기도 합니다.

그렇지 않아도 다양한 관점과 해석에 또 하나의 시각이나 해석을 덧붙일 생각은 없습니다. 다만 있는 그대로 인류의 길을 톺아볼 때, 300만 년을 이어 온 원천적 동력을 발견할 수 있습니다. 누구나 쉽게 동의할 수 있는 역사의 동력이지요. 두 가지로 간추려집니다.

300만 년 넘도록 인류를 존재케 한 원천은 무엇보다 사랑입니다. 여기서 사랑은 종교에서 말하듯이 거룩한 어떤 게 아닙니다. 심오한 철학적 사색이 담긴 어떤 개념도 아닙니다. 너무나 잘 알고 있는 진실이어서 오히려 잊기 쉬운 일상생활의 사랑입니다.

그렇습니다. 인류의 여성과 남성이 사랑을 나누지 않았다면 300만 년은커녕 한 세대인 30년도 이어 가지 못했겠지요. 너무 당연한 이야기이지만 그 속에 많은 진실이 숨 쉬고 있습니다.

여성과 남성이 사랑을 나누고 그 열정으로 태어난 새로운 세대가 끝없이 이어지며 인류는 300만 년의 세월을 걸어왔습니다. 사랑과 사랑의 연쇄로 세대를 거듭하며 인류의 문화도 풍부해졌지요.

사랑의 나눔으로 태어난 새로운 세대가 단순히 앞 세대를 고스란히 이어 간 것은 아닙니다. 기성세대의 질서와 '권위'에 도전하는 새로운 세대가 언제나 나타났지요.

보는 사람에 따라 역사는 얼마든지 다르게 해석할 수 있다고 주장하지만, 그 누구도 부정할 수 없는 게 있습니다. 역사 시대 이후 인류의 길은 사람과 사람 사이의 차별을 꾸준히 좁혀 왔다는 진실이 그것이지요.

동서양을 막론하고 인류는 오랜 기간 노예 제도에 기반을 둔 계급 사회에서 살아왔습니다. 노예가 흘린 숱한 피와 땀 위에서 왕족과 귀족은 사치와 향락을 만끽했어요. 야만적인 노예 제도 위에서 고대 문학과 예술, 사상이 형성되었습니다. 몸으로 하는 노동을 경시하거나 천시하는 그릇된 사고도 그때부터 형성되기 시작했지요.

수천 년 동안 엄격한 신분제에 바탕을 둔 계급 제도가 사람의 의식을 지배해 왔습니다. 신분 제도는 사람을 지배 계급과 피지배 계급으로 나누지요. 하지만 역사가 사랑의 연쇄로 끝없이 이어지면서 신분 제도는 점점 느슨해졌습니다. 한 사회에서 피지배 계급의 숫자도 줄어들고, 억압의 강도 또한 약해져 갔습니다.

어떻게 그렇게 되었을까요? 지배 세력이 스스로 양심의 가책을 느껴 피지배 계급에게 양보해 왔기 때문일까요? 어느 날 신분 제도 위에서 호의호식하던 귀족이나 왕족이 자신이 누리고 있는 기득권을 자진해서 버렸을까요? 아니면 피지배 계급과 '이성적 토론'을 통해 신분 제도의 문제점을 각성하고 평화적으로 특권을 양보했을까요?

물론 역사에서 기득권을 스스로 버린 사람들도 없지는 않았습니다. 하지만 어디까지나 예외적 일이었지요. 그렇다면 어떻게 피지배 계급의 숫자나 억압당하는 강도가 시나브로 줄어들어 왔을까요?

바로 싸움입니다. 피지배 계급이 인간 차별에 항의해 신분 제도를 폐지하려는 싸움을 애면글면 벌여 왔기 때문이지요. 오해 없기 바랍니다. 평화는 인류가 추구해야 할 가치임에 틀림없습니다.

그러나 순수하되 결코 순진해서는 안 됩니다. 노예와 노예 소유자 사이의 평화란 어떤 걸까요? 그 평화가 노예에게 어떤 의미가 있을까요? 노예의 '반란', 아래로부터의 싸움이 없었다면 노예 제도는 지금도 유지되고 있을지도 모릅니다.

차별과 억압을 없애고 모든 사람이 사람답게 살아가는 새로운 사회를 구현하려는 싸움은 세대와 세대로 연면히 이어져 왔습니다. 그 싸움이 인류의 역사를 한 걸음 한 걸음 앞으로 나아가게 했지요.

결국 인류가 역사의 길을 쉼 없이 걸어오는 데 원동력이 된 것은 사랑과 싸움이었습니다. 그 어떤 포악한 지배 권력도, 그 어떤 무서운 제국주의도 싱그러운 젊은이들의 사랑을 막을 수는 없었습니다. 새로운 세대가 출현하고 그들 가운데 억압과 차별에 맞서 싸우는 순수한 사람들은 언제나 빛났습니다. 앞으로도 마찬가지이지요. 인간은 호모 사피엔스, 곧 슬기로운 동물입니다.

인류사에 반짝이는 문학과 예술에서도, 얼핏 보면 싸움과 관계없어 보이지만 사랑과 더불어 싸움의 현장을 생생하게 형상화한 작품이 걸작으로 일컬어집니다. 이 땅의 문학으로 좁혀서 생각해 볼까요? 홍명희의 대하소설 『임꺽정』이나 신동엽의 장편 서사시 『금강』이 탁월한 보기입니다.

씻어내면 또
모여들 올 텐데,

씻어내면 또
또 열흘도 못 가
모여들 올 텐데,

이 맑은 피로만
채워 버리면
좋겠는데,

이틀도 못 가
검은 찌꺼기들은
또 모여들 올 텐데,

그러나, 내일
새 거품 모여 올지라도

우선, 오늘
할 일은

씻어내는 일,
저 하늘의 검은 찌꺼기
오늘 할 일은 모두
씻어내는 일.

－『금강』, 제22장

　　신분 제도와 그것을 바탕으로 정치를 독점해 온 지배 세력
에 맞서 싸워 마침내 그들을 몰아낸 역사적 사건, 그것이 시민
혁명이고 민주주의의 시작이었습니다. 인류가 민주주의라는 꽃
을 피우기까지 참으로 오랜 시간이 걸린 셈이지요. 민주주의를
열어 온 인류의 오랜 사랑과 싸움에 새삼 경의를 표하게 되는
까닭입니다.
　　많은 사람이 역사가 진보한다는 확신의 근거를 따지거나 발
전의 의미를 묻습니다. 소박하게 답하고 싶습니다. 싱그러운 사
랑에 더해 사람답게 살고 싶어 나서는 슬기로운 싸움이라고.

민주주의 나무 찾기 4

민주주의는
21세기인 지금도
계속 가꾸어 가야 할
작은 나무랍니다

피를 먹고 자라는 나무

　나무. 어린 시절에는 눈에 잘 들어오지 않습니다. 식물은 움직임이 없어 아무래도 흥미가 덜 갈 수밖에요. 반면에 '동물의 세계'란 얼마나 역동적인가요? 달아나는 영양을 끝까지 쫓아가 마침내 잡아먹는 치타의 질주 모습, 텔레비전 화면에서 되풀이해 보아도 흥미롭지요. 어디 그뿐인가요? 아프리카에서 강을 건너가는 들소를 잡아먹는 악어, 그렇게 죽음의 강을 넘어 기진맥진 이른 곳에 도사리고 있는 사자의 기습은 또 어떤가요? 한곳에 뿌리내려 평생을 살아가는 식물은 생물처럼 느껴지지도 않게 마련입니다.

　생물 시간에 광합성 현상을 배우면서 비로소 식물의 중요성에 눈뜨게 됩니다. 하지만 광합성이 지구 생명의 토대라는 중요한 진실을 건성으로 듣기 쉽습니다.

그런데 나이가 들어 가면서 어느 순간 나무를 새롭게 발견하게 됩니다. 시기와 질투를 자연스럽게 익히게 되는 경쟁 중심의 교육 체제, 변덕과 탐욕으로 물들어 가는 세상이 역겨워서일까요? 그 굴레에서 벗어나고 싶은 욕망일까요? 고요히 흙에 뿌리를 내리고 햇빛과 비와 바람으로 자라는 나무가, 그들이 모여이룬 숲이 더없이 아름답게 다가올 때가 있습니다.

나무에 눈길이 쏠리면서 새삼 깨달은 게 있어요. 초록 숲을 이루는 나무들이 저마다 다채로운 모습을 지닌다는 엄연한 사실이지요. 동물에 여러 종이 있듯이 식물도 마찬가지이니까요. 같은 나무의 나뭇잎조차 자세히 살피면 색깔이 달라요. 새로 돋은 나뭇잎은 연둣빛으로 더 순수하지요.

나무 가운데 특히 눈길이 가는 나무가 있습니다. 마을마다 어김없이 자리하고 있는 그늘나무죠. 가지가 많고 잎이 무성해 그늘 아래서 사람들이 모여 이야기를 나누거나 쉬는 정자나무입니다.

그늘나무로는 주로 느티나무를 많이 심어 왔습니다. 줄기가 곧고 바르게 뻗어 가며 우아한 안정감을 주기 때문입니다. 잎도 깔끔하지요. 오랜 세월 마을을 드팀없이 지켜 온 느티나무는 '당산나무'라 해서 마을의 수호신으로 모시기도 합니다. 마을 사람들은 신성한 아름드리나무 아래서 소원을 빌고 명절에는 제사를 지냈어요.

우람한 느티나무를 볼 때마다 가슴에 떠오르는 나무가 있습니다. 가장 신성한 당산나무라 해도 과찬이 아닐 그 나무는 기나긴 세월 인류의 길을 묵묵히 지켜보았습니다. 앞서 보았듯이

오래된 느티나무의 우람한 모습

인류가 어디서 왔는지 명확하지 않기에 그 나무의 씨가 언제 뿌려졌는지도 알 길이 없습니다. 다만 아직도 10대 못지않게 싱그러운 나무이지요. 그 나무는 해와 비와 더불어 자라지 않아요. 사람의 피를 먹고 자라는 나무, 바로 '민주주의 나무'입니다.

민주주의는 피를 먹고 자라는 나무라는 말, 그 명제는 인류가 걸어온 길에서 또렷하게 확인할 수 있는 진실입니다. 인간은 기나긴 시간을 신분 제도 아래서 보냈습니다. 우리는 신분 제도가 사라진 세상에 살고 있기에 그것이 얼마나 황당한 것인가 실감하기 어려운데요. 민주주의를 옳게 이해하기 위해서라도 자신이 조선 시대에 태어났을 때를 가정해 보기 바랍니다. 그런 가정을 해 보라 하면, 사람들은 대부분 자신이 왕족이나 양반 계급의 자제로 태어났으리라고 상상합니다.

하지만 그것은 진실이 아니지요. 많은 사람이 상민이나 천민으로 태어났겠지요. 신분 제도가 견고했던 조선 사회에서 대다수는 상민이나 천민으로 한평생을 살아가며 내내 억압과 모멸을 견뎌야 했습니다. 변덕스러운 양반의 기분에 따라 사랑은 물론 목숨마저 빼앗기는 일이 수없이 벌어졌지요. 이 땅에서 노비는 사람이 아니라 '가축'으로 분류되기도 했습니다. 20세기가 넘도록 이 땅의 정치는 양반 계급, 그 가운데서도 이씨라는 특정 가문이 자자손손 왕위를 세습하며 독점하고 있었지요.

조선만이 아니라 인간이 만든 모든 사회에서 왕의 역사는 수천 년을 이어 왔습니다. 그렇게 오랫동안 유지해 온 비결은 다른 게 없습니다. 동서양을 막론하고 왕은 자신의 지배 체제에 도전하는 귀족은 물론이고 가축 아닌 사람으로 살고 싶다는 사람, 자기 두 발로 서려는 사람들을 가차없이 잔인하게 살육해 왔지요. 왕권에 저항한 사람의 아버지와 자식까지 삼족을 멸하기도 했답니다. 저 고귀한 성직자나 우아한 귀족들은 피로 얼룩진 왕의 권위를 높이는 데 기꺼이 앞장섰지요. 그 대가로 그들 또한 자자손손 특권을 누렸습니다.

그렇다면 신분 제도에 뿌리를 둔 왕의 역사는 어떻게 종언을 고했을까요? 역사의 어느 시점에 왕 스스로 국가의 최고 의사 결정권자를 투표로 뽑는 게 좋겠다며 과감하게 물러났을까요?

아니지요. 어지간히 '착한 사람'이 아니라면 그런 일은 상상하기 어렵습니다. 실제로 역사에 그런 일은 일어나지 않지요. 정반대로 왕은 왕권을 위해서라면 부모나 형제의 생명을 빼앗는 일조차 서슴지 않았어요. 당장 조선 건국 과정만 보아도 이방원(태종)이 형제들을 숙청하지 않았습니까?

흔히 평화를 최대 미덕으로 여기기도 하지만, 왕들의 역사에 마침표를 찍은 것은 결코 평화적 집회가 아니었어요. 아래로부터 싸움이었습니다. 그 핏빛 진실을 올바로 읽을 때, 비로소 우리는 전쟁이 없고 평화와 사랑이 넘치는 아름다운 세상을 건설할 수 있습니다.

시민 혁명의 진실

중세 신분 제도에 종언을 고한 시민 혁명. 함께 살펴볼까요? 14세기 유럽으로 가 봅시다. 토지를 바탕으로 한 농노 제도에서 상인(商人)과 공인(工人)이 서서히 사회 세력을 형성해 가고 있었습니다.

상공인들은 왕과 귀족에게 자신이 번 돈을 세금으로 낼 때마다 심리적 저항감을 느끼기 시작했어요. 자신들과 달리 일도 하지 않고 사냥과 술을 즐기며 세금 한 푼 내지 않는 귀족들이 왕과 더불어 정치를 독차지하는 현실이 비로소 모순으로 다가온 거죠.

게다가 상공업의 확산은 인쇄술의 발전을 가져왔습니다. 대량 인쇄가 가능해지면서 사람들의 정치의식은 눈에 띄게 성숙해 갔지요. 민중의 세금으로 향락을 즐기는 왕과 귀족이 정치를 독점하는 모순을 상공인들—그들은 중세 시대 성 안에 살고 있었기에 '성(부르그) 안에 사는 사람들'(부르주아지)이라는 이름이 붙었지요—이 언제까지 참고 받아들일 수는 없는 일이었습니다.

상공업이 발달하면서 상공인이 고용하는 사람도 늘어났습니다. 바로 노동자의 출현이지요. 왕정에 거부감을 가진 상공인들은 다른 상공인은 물론 노동자들에게도 정치적으로 평등한 사회를 이루자고 선동했습니다. 그게 시민 혁명의 출발점이지요.

정치적 차별로 억압받던 사람들과 새로운 세대가 자기 두 발로 서는 걸 게을리했다면, 지금도 지구 곳곳에 왕들의 전제 정치가 뿌리내리고 있을 터입니다.

시민 혁명을 세계사의 발생 순서로 따진다면 영국 혁명(1688), 미국 독립 혁명(1776), 프랑스 혁명(1789)으로 간추릴 수 있습니다. 민주주의란 '피를 먹고 자라는 나무'가 아니라고 반박하는 사람들이 즐겨 드는 보기가 영국 혁명이지요. 왕(제임스 2세)의 폭정에 맞서 그를 폐위하고, 그의 딸인 메리와 남편 윌리엄을 왕으로 세운 사건이지요. 피를 흘리지 않아 명예혁명(Glorious Revolution)이라 규정했지만, 착각이지요. 네덜란드에 머물던 윌리엄, 메리 부부가 영국에 상륙해 1만 5000명의 군대와 함께 런던을 향해 파죽지세로 진격했기에 이루어질 수 있었던 혁명입니다. 제임스 2세는 왕위를 버리고 도망갔지요. 더러는 왕이 처형되지 않았으므로 명예혁명이라고 주장하지만, 그 또한 앞서 일어난 청교도 혁명의 유혈 사태가 있었기에 가능했습니다. 1640년에서 1660년에 걸쳐 들고 일어선 영국의 청교도들은 왕(찰스 1세)을 가차없이 처형했지요.

미국의 독립 혁명 또한 전제 왕권에 저항해 온 유럽의 계몽 사상이 있었기에 가능한 일이었어요. 유럽의 연장선이었고 독립 전쟁의 유혈 사태가 빚어졌습니다.

시민 혁명의 전형은 자유·평등·우애의 깃발 아래 일어난 프랑스 혁명입니다. 혁명이 일어났을 때 왕 루이 16세와 왕비 마리 앙투아네트는 아직 30대의 젊은 나이였습니다. 하지만 사치와 향락을 일삼던 왕과 왕비의 목은 40킬로그램의 시퍼렇게 날선 칼(guillotine)을 맞고 단두대에서 잘려 나갔습니다. 프랑스 시민들은 "짐이 곧 국가"라고 으름장 놓던 왕의 잘린 머리를 높

1793년,
루이 16세는 단두대에서 처형된다.

이 들고 환호성을 질렀지요.

　그것이 역사의 생생한 진실입니다. 오늘을 살아가는 프랑스 시민 누구도 그날의 처형을 잔인하다고 생각히지 않습니다. 사실 잔인한 사람은 수천 년 동안 끊임없이 저항한 민중을 무자비하게 짓밟아 온 왕들이지요.

　하지만 왕의 역사는 거기서 끝이 아닙니다. 왕족과 귀족 계급은 잃은 왕관과 특권을 집요하게 되찾으려 했지요. 프랑스에서 왕권을 완전히 폐지하는 데는 100여 년의 세월이 더 필요했습니다. 그 시간도 결코 그냥 흐른 게 아니지요. 수만 명 민중의 피가 파리의 도심을 흥건하게 적셨습니다.

　시민 혁명을 거치지 않은 나라에서는 어떻게 왕들이 물러갔을까요? 그 나라들 또한 대가를 치릅니다. 가령 독일은 지배 세력이 저지른 1, 2차 세계대전의 참화로 청년 대다수가 피 흘리며 죽은 뒤에야 비로소 민주주의 국가를 이루게 됩니다. 일본도

2차 세계대전에서 숱한 젊은이가 피를 쏟았지요.

스스로 민주주의를 열지 못한 나라들은 식민지로 전락했습니다. 그들이 독립을 이루는 과정에서 젊은이들이 쏟은 피가 강을 이뤘지요. 그렇습니다. 이는 시각이나 사관에 따라 달라질 문제가 아닙니다.

민주주의는 피를 머금으며 싹텄고 피를 거름으로 자라난 나무입니다. 섬뜩하지만 감출 수 없는 진실이지요. 그 진실을 똑바로 알고 있어야 우리 각자가 민주주의의 주체, 촛불 집회에서 노래한 민주 공화국의 주권자로 우뚝 설 수 있습니다. 그때 비로소 하나밖에 없는 자신의 소중한 삶이 험한 세상에 휘둘리지 않게 되겠지요.

우주와 역사에서 민주주의 나무, 그 숭고하고 아름다운 나무를 발견해야 할 절실한 이유가 여기에 있어요. 피를 먹고 자라는 나무, 그 나무는 전설의 나무가 아닙니다. '전설'이 아닌 '진실'의 나무입니다.

사회주의와 투표권의 확대

공산당. 21세기를 맞은 오늘날엔 거의 사라진 이름입니다. 지구상에서 공산당이란 이름을 아직도 쓰는 정당은 거의 없습니다. 있다 해도 예전 같은 비타협적 이념 정당이 아니지요. 중국 공산당이 대표적 보기입니다. 공산당이라는 이름에 자본가들도 더는 불안감을 느끼지 않는 시대입니다. 공산당은 정치적 일당 독재와 연관 지어 '실패한 실험'으로 규정되어 있습니다.

그래서이지요. 공산당과 투표권은 아무런 관련도 없어 보입니다. 아니, 정반대되는 개념으로 이해하기 쉽지요. 실제로 사회주의 이름으로 20세기에 존재했던 국가들 어디에서도 최고 정치 지도자를 국민의 선거로 뽑지 않았습니다. 그것은 20세기 말에 소련과 동유럽 사회주의 체제가 몰락하는 데 중요한 요인이 되었지요.

하지만 공산당과 투표권은 결코 무관하지 않습니다. 아니, 전혀 다른 것처럼 보이는 두 현상이 서로 긴밀한 연관성을 지녔다는 사실을 옳게 인식할 때, 세계사가 전개되는 과정을 더 깊고 폭넓게 파악하는 안목을 갖출 수 있지요.

시민 혁명으로 다시 돌아가 봅시다. 왕을 처형한 시민 혁명의 주도 세력은 국민이 최고 정치 지도자를 선출하는 '공화국'을 표방했습니다. 하지만 현실은 다르게 전개되었지요. 상공인들은 왕을 몰아낸 뒤에 최고 지도자를 선출하는 투표권을 국민 모두가 갖는 데 적극 반대 했어요. 자신들이 고용하고 있는 모든 노동자에게 투표권을 줄 때, 숫자로 미루어 자칫 권력을 통제할 수 없다는 계산 때문이었지요.

어떻게 했을까요? 지금으로서는 상상도 하기 어려운 일이지만, 재산 있는 남성끼리 투표권을 나눠 가졌어요. 왕권은 물리쳤지만 투표권 자체가 특권이 된 셈입니다. 자유·평등·우애를 새겼던 시민 혁명의 깃발을 상공인들 스스로 찢어 버린 것이지요.

일찌감치 '명예혁명'을 이뤘다고 자부하는 영국만 보더라도 〈표 1〉에서 볼 수 있듯이 1830년대 초까지 귀족과 부자, 그것도 남성들만 투표권이 있었어요. 투표권은 아주 더디게 확대되었습니다.

시기	선거권 확대 내용
1800년대 초기	귀족과 부자만 선거권 인정
1832년 선거법	중산 계급의 선거권 인정 (총인구의 3%인 65만 명 정도가 선거권을 가짐.)
1867년 선거법	도시 소시민과 노동자의 선거권 인정 (총인구의 7%인 200만 명으로 증가)
1884년 선거법	농부와 광부의 선거권 인정 (총인구의 12~13%인 440만 명으로 증가)
1918년 선거법	30세 이상 부인의 선거권 인정
1928년 선거법	모든 성인 남녀의 선거권 인정(보통 선거제 확립)

〈표 1〉 영국의 선거권 확대 과정

　　왕과 왕비를 단두대에서 과감하게 목 잘라 버린 프랑스는 가장 일찍 보통 선거권을 도입합니다. 하지만 그 또한 남성에 한정되었지요. 남성에게 보통 선거권을 일찍 준 이유도 그해 1848년에 파리가 노동자를 비롯한 민중의 피로 물들었기 때문입니다 (2월 혁명). 민중을 체제에 포섭해야 할 필요성을 절감한 게지요. 카를 마르크스와 프리드리히 엥겔스가 바로 그해 초에 함께 출간한 책이 『공산당 선언』(Manifesto of the Communist Party)입니다.

　　'선언'은 시민 혁명으로 들어선 사회 체제가 '약속'과 달리 모든 사람을 위한 게 아니라 돈 많은 유산 계급을 위한 사회임을 날카롭게 비판했습니다. 자유·평등·우애의 혁명 이념을 실제로 구현하자는 철학이 밑절미에 깔려 있지요. 마르크스와 엥겔스의 선언, 더 정확히 말하면 '공산주의자당 선언'은 당시 노동자들에게 큰 영향을 끼쳤습니다. 자유·평등·우애가 넘치는 새로운 사회를 이루자는 데 솔깃하지 않을 노동자는 드물었겠지요.

유럽의 여러 나라에서 사회주의자들이 활동하고 그들의 사상이 노동자들에게 깊숙이 스며 들어가자 지배 세력은 위기의식을 느꼈습니다. 사회주의에 끌리는 노동자들을 가혹하게 탄압하는가 하면 다른 한편으로는 회유하는 강온(強穩) 양면 정책을 펴게 되지요.

구분	프랑스	미국	독일	영국	이탈리아	일본	한국
남자	1848년	1870년	1870년	1918년	1912년	1925년	1948년
여자	1946년	1920년	1920년	1928년	1945년	1945년	1948년

〈표 2〉 세계 각국의 보통 선거제 실시 시기

〈표 2〉에서 볼 수 있듯이 세계 여러 나라에서 보통 선거제를 도입한 시기를 보면, 마르크스 사상의 확산이나 러시아 혁명의 성공과 이어져 있다는 사실을 쉽게 확인할 수 있어요. 프랑스에서 모든 국민이 보통 선거권을 지닌 시점은 1789년 혁명이 일어난 뒤 자그마치 160여 년이 지난 1946년이었지요.

뭇 여성이 사회 각계에서 일하고 있는 오늘로서는 참으로 납득하기 어렵지만, 20세기 초까지 지구의 그 어느 곳에서도 여성은 선거할 권리가 없었던 게 역사적 사실입니다.

보통 선거권이 정립되는 역사의 전개 과정을 보면 여기서도 '피를 먹고 자라는 나무'의 진실을 확인할 수 있어요. 사회주의자들을 비롯해 끊임없이 아래로부터 투쟁이 있었기에 선거권은 확대되었지요. 선거권이 한 차원 더 넓어질 때마다 그 넓이만큼 민중이 피를 흘려야 했습니다. 투표권, 그것은 피를 먹고 자라는 나무의 한 가지인 게죠.

상공인들은 마지못해 노동자들에게 투표권을 주면서 사회주의자들과 그 사상을 탄압하고 통제하는 한편, 노동자들에게 이익을 일부 양보함으로써 자본주의 체제에 대한 불만을 누그러뜨리고 포섭하는 전략을 세웁니다. 바로 그것이 선진 자본주의 국가들에서 나타난 복지 정책이지요. 투표권을 확대하지 않을 때, 노동자들에게 복지를 제공하지 않을 때, 자칫 상공인들이 지배하는 자본주의 체제 자체가 혁명으로 막을 내릴 수 있다는 우려가 민주주의를 발전시킨 셈입니다. 모든 것을 잃는 위험보다는 노동자들에게 일부를 '양보'하며 자신들이 주도하는 체제를 지속하는 길을 선택한 거죠.

흔히 복지 국가의 표어로 "요람에서 무덤까지"(from the cradle to the grave)를 거론합니다. 영국 노동당이 내세운 이 슬로건이 세계대전이 끝난 뒤 사회주의가 급속도로 퍼져 가는 과정에서 나온 사실은 음미해 볼 대목입니다.

자본주의가 본질적으로 노동자들을 착취하는 체제라는 카를 마르크스의 사상과 그에 뿌리를 둔 혁명의 성공은 여러 나라 안에서 투표권 확대와 복지 정책을 일궈 냈고, 국가 밖으로는 제국주의의 식민지 약탈 정책을 크게 약화시켰습니다. 최초로 사회주의 혁명을 이룬 소련(소비에트 사회주의 공화국 연방)이 제국주의로부터 억압받고 있던 식민지 민중의 해방 운동을 여러 모로 지원하고 나섰기 때문이지요.

여기서 우리는 민주주의와 사회주의를 대립되는 체제로 인식하는 것이 얼마나 큰 잘못인가를 깨닫게 됩니다. 물론 소련은 혁명을 구현하는 과정에서 마르크스가 꿈꾼 새로운 사회와는 점점 거리가 멀어졌습니다. 그럼에도 사회주의 혁명 사상과 실천이 없었더라면 민주주의는 지금처럼 성장하지 못했다는 진실, 아래로부터 민중의 사랑과 싸움이 민주주의 나무가 성장하는 데 원동력이 되었다는 진실은 기억해 둘 필요가 있습니다.

사회주의를 내세운 국가들은 아래로부터 민중의 힘에 의존하지 않고 공산당 독재로 흐르면서 결국 1989년부터 무너져 내립니다. 그 결과 사회주의를 더는 의식할 필요가 없는 자본주의 나라에서 그동안 '양보'했던 복지 정책을 대폭 거둬들이고 있지요. 그것이 바로 신자유주의입니다.

미국은 단일 패권으로 세계를 지배하게 되자 자본과 시장의 논리에 따라 노골적으로 부익부 빈익빈의 신자유주의 세계를 만들어 나갔습니다. 여기서 우리는 새삼 민주주의 나무의 소중함을 깨닫게 됩니다.

『춘향전』 이몽룡의 핏빛 격문

지금까지 지구에 민주주의 나무가 어떻게 뿌리를 내리고 커 왔는가를 살펴보았습니다. 그렇다면 우리가 살고 있는 이 땅에서 그 나무는 어디에 있을까요?

우리 민중이 즐겨 듣고 박수를 보냈던 작품 『춘향전』에서 민주주의 나무의 뿌리를 찾을 수 있습니다.

金樽美酒 千人血(금준미주 천인혈)

玉盤佳肴 萬姓膏(옥반가효 만성고)

燭淚落時 民淚落(촉루락시 민루락)
歌聲高處 怨聲高(가성고처 원성고)

18세기에 민중 사이로 널리 퍼져 간 『춘향전』에서 이몽룡
이 탐욕스러운 고을 지배자 변학도의 생일 잔칫날 지은 시입니
다. 우리말로 옮겨 보지요.

금 술잔 향기로운 술은 민중의 피
옥 그릇 가득한 안주는 민중의 살
흘러내리는 촛물은 민중의 눈물
저 노랫소리 높은 곳에 민중의 원성

향락을 일삼는 지배 세력을 겨냥한 신랄하고 통렬한 고발입
니다. 다 알다시피 『춘향전』의 작가는 누군지 알려져 있지 않습
니다. 하지만 어느 작품이든 작가는 있지요. 요즘 말로 표현하
면 민중의 '집단 지성'이 창작한 작품입니다. 억압과 차별이 구
조화된 신분 제도의 긴 겨울을 이겨 낼 봄의 향기, 춘향(春香)을
그리워하는 민중의 바람이 갈피마다 표출되어 있습니다.
　　그래서입니다. '춘향'은 민중의 사랑을 듬뿍 받았지요. 신
분 제도를 넘어선 사랑과 싸움의 상징이었습니다. 18세기와 19
세기 내내 『춘향전』만이 아니라 『홍길동전』과 『양반전』과 같이
중세 신분 제도를 비판하는 작품들이 '방각본'으로 출간되고 널
리 회자되는 상황은 조선 시대의 기준으로 볼 때 가히 '문화 혁
명'이었습니다.
　　19세기를 '민란의 세기'라 할 만큼 민란이 곰비임비 일어난

이유는 단순히 삼남 지방의 가혹한 수탈 때문만은 아닙니다. 『춘향전』을 비롯한 문학예술을 접하며 민중이 자기 두 발로 서서 자기 두 눈으로 세상을 보기 시작했기 때문입니다. 춘향의 나이가 10대인 사실, 새로운 세대라는 진실도 눈여겨볼 대목입니다.

19세기 내내 일어난 민중 항쟁의 정점은 1894년, 갑오년에 일어난 동학 농민 전쟁이었습니다. 녹두 장군 전봉준이 앞장서 이끈 농민 전쟁은 신분 제도의 폐지와 토지 개혁을 요구하며 아래로부터 일어난 혁명이었지요. 그것은 조선 사회에서 민중이 중심이 되는 민주 정치를 민중 스스로 열어 가려는 열망이자 정치적 실천이었습니다.

하지만 아래로부터 올라오는 새로운 사회의 요구에 맞서 양반 계급은 나라 밖의 제국주의 세력을 끌어들였습니다. 호남에서 한양(서울)으로 진격하는 길목인 우금티에서 농민군이 미국제 최신 기관총으로 무장한 일본군에게 패함으로써 조선 사회는 자주적 근대화의 길이 꺾였습니다. 갑오 농민군의 한양 입성은 외세에 막혔지만, 그들이 요구한 '신분 제도 폐지'는 마지못해 받아들여졌지요. 더는 그 요구를 억압만 하기 어렵다고 판단했기 때문입니다.

조선 왕조의 지배 세력은 왕비가 일본 제국주의의 손에 참혹하게 살해당한 다음에도 자기 발로 서지 못하고 외세에 기대었습니다. 전국 곳곳에서 자발적으로 일어난 의병을 서슴없이 '비도'로 몰아 일제와 손잡고 짓밟은 진실을 우리는 앞에서 알아보았지요.

논과 밭, 토지 소유에 바탕을 둔 신분 제도에서 누려 온 자

녹두 장군 전봉준(1855~1895)

신들의 특권을 지키려는 게 일차 목적이던 지배 세력 대부분은 일본 제국주의에 적극 협조 했습니다. 그들은 일제 강점기 대다수 민중이 억압받고 차별받을 때, 일본의 귀족이 되어 호의호식하며 살았지요. 외세에 빌붙어 제 겨레를 외면한 세력을 우리가 역사에서 똑똑히 읽고 잊지 말아야 할 이유는 앞으로도 그런 전철을 밟을 우려가 있기 때문입니다.

한국의 민주주의 나무

동학 농민 전쟁의 농민군에 이어 의병까지 이 땅 곳곳에서 참혹하게 스러져갔습니다. 역설이지만 우리는 여기서도 왜 민중이 역사의 주체인가를 확인할 수 있지요. 당장은 패배한 것으로 보이고 실제로 그랬지요. 하지만 그들의 올곧은 뜻과 뜨거운 열정을 이어 갈 새로운 세대가 어김없이 등장합니다. 당대의 10대들이 일제의 총칼에 맞서 조선 독립을 외친 게 3·1 운동의 출발이지요.

무능하고 외세에 빌붙어 자기 이익만 챙기던 양반 계급의 나라가 아니라 민국(民國), 곧 민중의 나라를 세우겠다는 열정이 폭발한 것입니다. 비록 3·1 운동으로 조선의 독립을 이루지는 못했지만, 우리 역사가 나아가야 할 방향이 민주 공화국이라는 데 합의가 이뤄졌지요. '대한민국 임시정부'라는 표현이 그 보기입니다.

돌이켜보세요. 19세기 내내 일어난 '민란'에서 얼마나 많은 사람이 피를 흘렸는가를, 그 절정인 동학 농민 전쟁에서 얼마나 짙은 민중의 피가 이 땅을 뜨겁게 적셨는가를. 그뿐인가요. 의병과 3·1 운동, 그 뒤 연면히 이어진 민족 해방 운동과 민주화 운동으로 얼마나 많은 핏물이 강을 이뤘습니까?

일찍이 1980년대를 대표하는 이 땅의 민중 시인 김남주도 민주주의 나무를 지금만큼이라도 키워 낸 것은 "자기 시대를 열정적으로 노래하고/자기 시대와 격정적으로 싸우고/자기 시대와 더불어 사라지는 데/기꺼이 동의했던 사람들/바로 그 사람들이 아니었던가"(『전사2』, 5연)라고 절창했습니다.

그렇습니다. 이 땅에서도 피를 거름으로 민주주의 나무가 싹텄습니다. 시민 혁명을 일찍 이룬 나라와 달리 이 땅의 민주주의 나무는 외세라는 모진 폭풍을 이겨 가야 했어요. 외세의 짙은 그림자는 지금 이 순간도 여전히 분단 체제 위에 드리우고 있지요.

민국, 왕의 나라가 아니라 민중의 나라, 새로운 민주 국가를 건설하자는 3·1운동의 '깃발'은 21세기인 오늘도 아직 이루지 못한 과제로 남아 있습니다. 남과 북으로 갈린 채 서로 엄청난 국방비를 소모적으로 쏟아 붓고 있는 오늘의 분단 체제에서 민주주의 나무를 발견하는 일은 곧 그 나무를 키워 가는 일입니다. 이 땅의 민주주의 나무가 지금 어디에 있는지 아예 모르는 사람들이 많은 게 현실이니까요.

여기서 우리가 다 알고 있는 듯 전제했던 기본 개념을 명확하게 파악하고 가죠. '민주주의란 과연 무엇일까'라는 물음이 그것입니다. 민주주의란 말 그대로 민(民)이 주인(主)인 체제입니다. 영어 '데모크라시'도 마찬가지이지요. '민중'(demos)의 '지배'(kratos)를 뜻합니다. 조금 더 정치학 이론을 담아 풀이하자면, 민주주의란 '민중의 자기 통치'(self-government)입니다.

어떤가요? 지금 지구상에서 민중이 스스로 통치하는 사회를 구현한 나라가 있나요? 우울한 일이지만 없습니다. 그렇기에 민주주의는 21세기인 지금도 완성해 가야 할 정치 제도이자 민중이 만들어 가는 것입니다.

우리가 민주주의 나무를 키워 가야 할 이유는 분명합니다. 민주주의가 민중, 곧 우리 개개인이 주인이 되어 삶을 실현해 가는 데 가장 기본이 되는 정치 제도이자 삶의 양식이기 때문이지요. 주권자로 당당하게 살아가는 길이기 때문입니다.

지금까지 진실을 알기 위해서는 자기 두 발로 서야 함을, 그러려면 인류가 걸어온 길을 톺아보는 수고를 아끼지 말아야 한다는 사실을 두루 살폈습니다. 인류가 자신의 숭고한 피로 민주주의 나무를 가꾸어 온 진실도 깨달았지요.

그렇다면 진정한 민주주의가 추구하는 이상, 곧 모든 사람이 자유롭고 평등하고 우애롭게 살아가는 세상, 민중이 스스로 통치해 가는 세상을 꿈꾸는 우리 개개인에게 삶이란 무엇일까요? 역사와 사회를 의식하고 자기 두 발로 섰을 때, 나는 어디로 걸어가야 옳을까요? 요컨대 우리 개개인에게 자아실현이란 과연 무엇일까요?

자아실현의 길 그리기

인간은
창조로
자기를
실현하며
노동은
창조의 행복에
이르는
고갱이랍니다

출생과 죽음 사이 : 창조

어쨌든 내 삶의 '표어'는 언제나 하나입니다. '한 줄도 쓰지 않는 날이 없도록'이지요. 내 '뮤즈'가 잠들게 내버려 두는 것도 오로지 그녀가 잠에서 깰 때 더 활발해지기 때문입니다. 나는 지금도 몇 개 위대한 작품을 만들고 싶어요. 그 다음에는 늙은 아이처럼 친절한 사람들 속 어딘가에서 내 지구상의 여정을 마치고 싶습니다.

따옴표를 일부러 뺐습니다만, 앞의 다섯 문장은 제가 쓴 글이 아닙니다. 베토벤의 담담한 회고입니다. 베토벤이 얼마나 성실하고 열정적인 음악가였는지 뚝뚝 묻어납니다. 그는 "가련하게 고민하는 인류에게 도움이 되고자 하는 나의 열의는 조금도 변한 적이 없다."고 토로하기도 했어요.

피카소도 창조의 열정에 사로잡히긴 베토벤에 버금갑니다. 어떤 평론가는 그를 일러 "자신의 붓으로 존재하는 모든 것을 표현하는 사명을 타고난 것 같다."며 "이 젊은 신은 세계를 다시 만들고 싶은 모양"이라고 극찬했습니다.

물론 모든 사람이 베토벤이나 피카소처럼 살 수 없고, 무엇보다 그럴 필요가 없습니다. 베토벤이나 피카소의 삶이 개인적으로 얼마나 행복했는가도 알 수 없지요. 두 예술가 모두 사생활은 편안하지 않았다는 게 일반적 평가입니다.

그럼에도 두 사람을 소개하는 이유가 있습니다. 두 사람 모두 죽음에 이르기 직전까지 자아실현에 최선을 다했기 때문입니다.

아직 10대이기에 미처 생각하지 못했거나 생각했더라도 외면하려 할지 모르겠지만, 우리 모두가 걸어가는 길은 서로 다르더라도 마침내 이르는 데는 오직 한 곳입니다. 단 한 사람도 예외가 없습니다. 어디인가요? 바로 죽음입니다.

그럼에도 우리는 대체로 죽음의 문제를 회피해 왔습니다. 인간이 넘어설 수 없는 '한계 상황'이기에 아예 외면해 온 것도 사실입니다. 하지만 모른 척한다고 죽음이 찾아오는 시간을 늦추거나, 죽음 자체가 사라지지는 않습니다. 더구나 불치병으로 갑자기 죽음이 밀어닥칠 때, 대부분은 속절없이 당황하지요.

그래서입니다. 삶의 어느 순간 불현듯 찾아와 일상의 모든 걸 뒤흔드는 죽음의 문제를 청소년기부터 정면으로 직시하는 게 바람직합니다. 죽음에 지나치게 예민해 허무감을 이기지 못해 자살한다면, 결코 죽음을 직시하는 게 아니지요. 염세적 자살은 언젠가 자신에게 찾아올 죽음이 무서워 미리 죽음으로 뛰

어드는 비겁한 선택에 지나지 않습니다.

먼저 죽음에 대한 공포부터 벗어날 필요가 있습니다. 일찍이 고대 그리스 철학자 에피쿠로스는 우리에게 죽음이 "아무것도 아니다."라며 그 이유를 논리적으로 제시했어요.

"(죽음은) 아무것도 아니다. 왜냐하면 우리가 존재하는 한, 죽음은 우리와 함께 있지 않고, 죽음이 왔을 때 우리는 존재하지 않기 때문이다. 죽음은 살아 있는 사람들과 관계하지 않고, 죽어 있는 자들과도 관계하지 않는다."

위로가 되나요? 죽음의 공포를 씻어 주는 논리적 효용성은 있습니다. 하지만 본디 죽음이란 논리의 문제가 아니지요. 죽음에 초연하되, 그렇다고 죽음을 마치 삶과 아무 관련이 없는 문제로 여기는 것은 바람직하지 않습니다.

죽음을 망각하기란, 곧 죽음을 죽이기란 자칫 삶마저 망각할 수 있기 때문이지요. 어떤가요. 자신이 삶이 죽음을 피할 수 없다는 진실을 알 때, 삶이 일회적임을 뼈저리게 인식할 때, 비로소 삶을 깊이 있게 성찰하게 되지 않던가요?

여기서 스스로에게 물어봅시다. 세상에서 가장 중요한 것, 무엇인가요? 사람마다 다를 수도 있겠지요. 하지만 누가 뭐래도 세상에서 가장 중요한 것은 바로 나입니다. 우리 개개인에게 나는 유일하기 때문입니다. 더구나 언젠가 죽음으로 무(無)가 될 존재이기 때문입니다.

설령 나를 넘어 더 중요한 게 있다고 생각하더라도 그렇게 생각하는 주체는 나이고, 그런 생각조차 자신이 살아 있기 때문에 가능한 일입니다. 내가 죽어 '없음'(無)일 때, 중요하다고 생각하는 내가 없을 때, 무엇이 중요하겠어요?

그렇기에 모든 '나'에게 살아 있는 동안 자기 창조 또는 자기완성, 자아실현은 가장 중요한 문제일 수밖에 없습니다. 죽음을 의식할 때, 죽음에 직면하는 용기를 지닐 때, 자신이 죽는다는 사실을 비겁하게 잊지 않을 때 더 그렇지요.

더러는 회의합니다. 사람이 과연 자기완성을 이룰 수 있는가? 곰곰 성찰해 볼 물음에 틀림없습니다. 흔히 사람은 미완성의 존재라 합니다. 성숙하고 열린 자세이죠. 성숙하지 못했으면서도 마치 자신이 모든 걸 꿰뚫은 듯이 행세하는 권위주의적 기성세대가 많기에 더욱 그렇습니다.

사람은 어쩌면 미완성의 존재라기보다 완성이 불가능한 존재라고 말하는 게 더 적절할지 모르겠습니다. 그럼에도 자기완성을 이야기하는 까닭은 사람이 예외 없이 죽음을 맞는 데 있습니다. 죽음에 이른 순간, 바로 그 순간은 우리가 원하든 원하지 않든 삶의 '완성'일 수밖에 없습니다. 더 이상 삶이 있을 수 없으니까요.

그렇다면 문제는 명료합니다. 죽음에 이르기 전에 나는 무엇으로 오직 하나뿐인 나의 삶을 실현해 나갈 것인가? 출생과 죽음 사이에 놓인, 오직 일회적인 내 삶의 시간에 무엇을 창조할 것인가? 그 물음에 답할 때 자신이 삶의 주체가 되지 않을까요? 사르트르는 인생을 "B(birth)와 D(death) 사이의 C(choice)"라고 말했지만, 저는 C에는 선택(choice)만이 아니라 창조(creation)가 있다는 진실을 강조하고 싶습니다.

인생을 걸어가는 세 가지 길

무엇을 창조할 것인가. 삶을 창조로 인식할 때, 곧장 다가오는 문제이지요. 창조의 내용은 사람마다 다를 수 있습니다. 아니, 마땅히 달라야 창조라는 이름에 값하겠지요.

창조의 구체적 형태는 다르지만 자기 삶의 주체로서 개개인이 살아가는 길은 세 가지 범주로 나눌 수 있습니다. 그 범주에 담을 내용은 다채롭더라도, 누구나 세 범주 가운데 하나로 살아가고 있지요.

첫째, 자신이 살아가는 삶의 환경을 '고정불변'으로 생각하며 살아가는 길입니다. 삶의 현실을 고정불변의 질서로 볼 때, 그 사람이 걸어갈 길은 뚜렷합니다. 뭐겠어요? 현실에 순응하는 길이지요. 고정불변이기 때문에 현실의 질서에 적응하면서 자기를 실현해 갈 수밖에 없다고 판단하겠지요. 그 길을 걷는 사람들은 자신이 애써 적응해 온, 더러는 성공을 이루었기에 더욱 옳다고 생각하는 현실의 질서를 누군가 바꾸려고 할 때, 불편을 느끼거나 분노하게 됩니다. 자신이 최선을 다해 추구해 온 길에 정당성이 없다는 주장을 받아들일 수 없기 때문이지요.

둘째, 삶의 환경과 현실은 변화한다고 생각하지만, 그 변화의 흐름에 휘말리지 않도록 한발 물러서서 변화를 관조하거나 방관하며 자신의 삶을 실현해 가는 길입니다. 현실의 변화를 지켜보면서 그것이 자신에게 어떤 의미가 있는가, 어떤 영향을 끼칠까 주시하며 살아가는 사람들입니다. 다른 사람에게 피해 주지 않고, 돕지도 않으면서, 가족과 함께 행복하게 살아가겠다는 사람들도 이 범주에 들어갑니다.

셋째, 삶의 현실이 변화한다고 보는 데는 둘째 범주와 같습니다. 하지만 변화를 관조하는 데 머물지 않고 그 흐름에 직접 들어가 그 속에서 자신을 실현해 가는 길이지요. 능동적 개입과 실천을 중시하는 자세입니다.

자기를 실현해 나가는 세 가지 길 가운데 어떤 쪽을 선택하는가는 개개인의 성격에 따라 다를 수 있습니다. 하지만 우리가 우주와 역사에서 인류가 걸어온 길을 톺아보았듯이 변하지 않는 현실은 없습니다. 그래서입니다. 현실을 고정불변의 질서로 여기고 그 질서에 자신을 적응해 나가는 사람들이 많은 까닭은 그렇게 '사회화'되어서가 아닐까 의문을 던질 필요가 있지요.

우리가 '사회화' 개념에서 살펴보았듯이 우리 개개인의 삶과 사회의 모습은 결코 무관한 게 아닙니다. 자신을 바꿔 가는 일, 바로 그것이 사회 현실을 바꿔 가는 길이지요. 사회 현실을 바꿔 가는 일은 곧 자신을 바꿔 가는 길이기도 합니다.

개개인에게 인생은 한 권의 책과 같다는 말이 있습니다. "어리석은 사람은 대충 책장을 넘기지만 현명한 사람은 공들여서 읽는다. 그들은 단 한 번밖에 읽지 못하는 것을 알기 때문이다." 장 파울의 경구인데요. 새겨 봄직한 말입니다.

인생은, 삶은 또 다른 의미에서 책에 비유할 수 있습니다. 모든 책은 처음과 끝이 있습니다. 책을 쓰는 주체, 곧 저자가 있지요. 삶도 마찬가지입니다. 개개인이 자신의 인생이라는 책을 써 가는 저자입니다. 그 책은 두꺼울 수도 얇을 수도 있습니다. 하지만 책이 주는 감동은 결코 책의 부피에 있지 않아요. 책 속에 얼마나 깊은 진실이 담겨 있는지가 중요합니다. 그 못지않게 중요한 게 또 있지요. 책의 주제는 무엇인지가 그것입니다.

개개인의 삶도 마찬가지가 아닐까요? 죽음 앞에서 삶의 자기완성에 중요한 기준은 그 삶에 얼마나 깊은 진실이 담겨 있는지, 자신의 삶으로 무엇을 창조해 냈는지가 아닐까요? 그 진실과 창조의 고갱이가 우리 개개인 삶의 주제입니다. 그렇게 찾은 삶의 주제는 아마도 그 사람의 묘비명이 되겠지요.

그렇다면 청소년이 창조적 자아실현의 길을 그릴 때, 문제는 다음과 같이 정리할 수 있습니다. 내 삶의 주제를 무엇으로 설정할 것인가, 삶이라는 책을 '작가'로서 어떻게 써 나갈까 하는 것이지요.

직업을 선택하는 행복

인생이라는 책을 몸으로 써 나갈 때, 그 책의 주제를 결정할 때, 먼저 고려할 게 있습니다. 우리가 구름 위에서 살아가는 존재가 아니라는 엄연한 사실이지요. 삶의 현실에서 구체적으로 살아가는 방법을 찾아야 하니까요. 그 지점에서 직업 선택의 문제가 떠오르지요.

청소년 가운데 더러는 직업 선택을 먼 훗날의 문제로 접어 둡니다. 하지만 과연 그러한가요? 아닙니다. 이미 중학교 3학년 때 인문계로 갈지 전문계로 갈지 둘 중에 하나를 선택합니다. 고등학교 들어가서도 곧 문과와 이과 사이에 하나를 선택하지요. 대학 입시 때도 어떤 학과로 갈지 선택합니다. 그 선택은 어떤 직업으로 살아갈 것인가 하는 문제와 곧바로 이어집니다.

먼저 직업의 사전적 의미부터 확인해 볼까요? 직업은 "사회에서 생활하는 사람들이 재능과 능력에 따라 업에 종사하며, 정신적·육체적 에너지의 소모에 따른 대가로서 경제적 급부를 받아 생활을 지속해 나가는 활동 양식"을 뜻합니다.

여기서 중요한 것은 두 가지입니다. 먼저 '경제적 급부'입니다. 급부라는 말이 낯설겠지만, 흔히 직업을 이야기할 때 떠올리는 '돈 버는 일'이 그것이지요. 더러는 그 문제를 '고상'하지 못한 관심사로 여기기도 하지만 그렇지 않지요. 자신의 삶을 전개해 나가는 데 경제생활은 결코 가볍게 여길 수 없는 기본 조건입니다. 취미와 달리 직업에 엄숙하게 다가가야 할 이유도 여기에 있지요. '경제적 급부'는 자신이 일한 대가이자 '생활을 지속해 나가는 활동 양식'입니다.

그런데 직업의 사전적 의미에는 '재능과 능력에 따라 업에 종사'한다는 것도 있습니다. 실제로 직업은 개개인이 자신에게 주어지는 일에 헌신하는 가운데 자아를 실현하는 길인 동시에, 다른 사회 구성원들과 분업을 통해 서로 도움을 주며 살아가는 길이기도 합니다.

그래서이지요. 무엇보다 직업은 그 자체로 즐거워야 합니다. 직업을 통해 자신의 능력과 개성을 발휘해 자아를 실현해 간다면 즐겁지 않을 수 있겠습니까? 자신이 선택한 직업에서 창조적 활동을 통해 자아를 실현해 나가는 게 한 사회에서 개인이 살아가는 방법입니다.

물론 현실은 녹록하지 않습니다. 모든 사람이 자신의 개성과 능력에 걸맞은 직업을 지니기 어려울 뿐만 아니라, 사회적 분업 자체가 개개인에게 위계적이고 차별적으로 다가올 수 있기 때문이지요. 적잖은 사람들이 직업을 '먹고사는 수단'이라며 사뭇 냉소적으로 인식하는 이유도 여기에 있습니다.

하지만 잊지 말아야 할 사실은 직업 선택의 자유라는 게 '민주주의 나무'가 피를 먹고 자라나 맺은 열매라는 점입니다. 신분 제도 아래서 직업 선택이란 처음부터 불가능했지요. 조선에서 사농공상(士農工商)의 엄격한 직업 체계는 그 자체가 곧 신분 질서로 세습되었어요. 중세 유럽에서 상공인들이 세력을 형성해 가고 노동자가 출현하면서 비로소 대다수 사람에게 직업 선택의 자유는 조금씩 확보되어 갔지요.

그렇다면 현실적으로 어떤 직업을 선택해야 할까요? 개개인의 개성과 능력이 다르기에 일률적으로 이야기할 수는 없습니다. 다만 어떤 직업을 선택할지 고민하는 청소년에게 '직업 선택에 대한 한 젊은이의 사색'이란 짧은 글을 참고 자료로 소개하겠습니다. 고등학교 졸업을 앞둔 청소년이 직접 쓴 글이기에 더 다가올 듯합니다. 먼저 글을 읽어 볼까요?

직업을 선택할 때 주요한 기준은 인류의 행복과 자기완성이나. 두 가지는 서로 엇갈리거나 적대적이어서 한쪽이 다른 쪽을 배제한다는 식으로 생각해서는 안 된다. 사람은 자신과 같은 시대를 살아가는 사람들의 삶을 향상시키고 그들의 행복을 위해 일함으로써 비로소 자기완성을 이룰 수 있다. 그것이 사람의 본성이다.

만일 사람이 자신만을 위해 일한다면 설령 저명한 학자나 훌륭한 현자 혹은 뛰어난 시인이 될 수 있을지는 모른다. 하지만 결코 진정으로 완성된 위대한 인간이 될 수는 없을 터이다. 역사는 이 세상 전체를 위해 일하면서 동시에 자기 자신을 높여 가는 사람을 위인으로 인정한다. 최대 다수의 사람들에게 행복을 가져다준 사람을 가장 행복한 사람으로 기린다. 종교도 가르쳐 준다. 모든 사람이 지향하는 이상적인 인물은 인류를 위해 자신을 희생했다. 그것을 부정할 용기 있는 사람이 있을까?

만일 우리가 인류를 위하여 자신이 최선을 다해 일할 수 있는 직업을 선택한다면, 우리는 그 직업이 주는 짐의 무게에 주저앉는 일은 없을 터이다. 왜냐하면 그 짐이란 모든 사람을 위해 자신을 희생하는 것뿐이기 때문이다. 이때 우리가 체험하는 것은 비열하고 보잘것없는 이기적 기쁨이 아니다. 이때 행복은 우리만의 것이 아니라 수많은 사람들의 행복이 된다. 이때 우리가 한 일은 조용히, 그러나 영원히 지속되면서 살아 있으리라. 그리고 우리의 죽음은 고결한 사람들의 뜨거운 눈물로 적셔지리라.

어떤가요. 고등학교 졸업을 앞둔 청소년의 글로서는 대단히 빼어나지 않습니까? 10대다운 숭고한 이상이 깃들어 있지요. 이 학생은 같은 글에서 현실의 문제를 제기하는 것도 잊지 않았습니다. "우리는 자신의 천직이라고 믿는 직업을 꼭 선택할 수 있다고 말할 수 없다. 한 사회에서 직업을 결정하기 전에 이미 어느 정도 정해져 있다."고 분석하며 "우리가 타고난 물질적 조건이 이미 길을 가로막고 있으며, 아무도 이 조건의 요구를 거역하지 못할 것"이라고 개탄했지요.

졸업 직전에 이 글을 쓴 학생은 곧 대학에 들어갑니다. 아버지의 강력한 권고에 따라 법학을 공부하지요. 하지만 자신의 적성에 맞지 않아 곧 전공을 바꿉니다. 철학을 깊이 공부하고 20대 중반에 철학 박사 학위를 받습니다.

그 똑똑한 학생이 누구일지 짐작이 됩니까? 답을 알기에 앞서 먼저 선입견이나 고정관념을 버리길 권합니다. 언제나 직접 진실에 바탕하여 자신의 두 눈으로 판단해야 하니까요. 이 글을

마르크스(1818~1883)

쓴 젊은이의 이름은 카를 마르크스입니다. 요즘은 많이 나아졌지만, 한국 사회에서 그의 이름은 '뿔 달린 괴물'을 연상시켰습니다. 반공 이데올로기 탓이지요. 지금도 기성세대 가운데 많은 사람이 마르크스 하면 '붉은 박사'를 떠올립니다.

하지만 새로운 세대는 이제 맑은 눈으로 마르크스를 '마르크스'로 보아야 합니다. 1999년에 영국의 공영 방송 BBC가 지난 1000년간 가장 위대한 사상가를 묻는 설문 조사에서 찰스 다윈이나 알베르트 아인슈타인, 아이작 뉴턴, 임마누엘 칸트에 앞서 1위로 꼽힌 인물이 마르크스입니다.

과연 마르크스의 삶이 청소년기에 쓴 그의 꿈과 얼마나 부합하는지는 독자 개개인이 판단할 문제입니다. 우리가 여기서 성찰해 볼 대목은 직업을 선택하고 경제생활을 해 나가는 게 그 자체로 목적일 수는 없다는 진실이지요. 어떤 직업으로 돈을 벌며 살아갈 것인가 하는 문제 못지않게, 아니 더 중요한 것은 어떤 직업으로 자기 자신을 창조해 가며 이웃, 더 나아가 인류의 행복에 기여할 것인가에 있습니다.

그럼에도 마르크스에 선입견을 말끔히 버리지 못할 독자를 위해 베토벤의 말을 덧붙이고 싶습니다.

"타인을 위해서 일할 수 있다는 것은 어릴 때부터 나의 최대 행복이며 즐거움이었다."

노년에 이른 베토벤의 이 말과 "모든 사람이 지향하는 이상적인 인물은 인류를 위해 자신을 희생했다."는 10대 청소년 마르크스의 생각이 두루 아름답게 다가오는 건, 오로지 저만이 아니겠지요.

최고 부자의 '행복한 눈물'

예술가. 자신 안에 있는 천부적 예술 재능을 일찌감치 발견하고 그 길을 걷는 사람들이지요. 천재적 예술 혼이 빚은 작품은 예술가의 자기완성이자 인류 모두가 두고두고 감상할 유산입니다. 일찍이 베토벤은 "예술은 살아 있는 신"이라고 토로했습니다.

빈센트 반 고흐는 불꽃 작풍으로 '태양의 화가'라 일컬어지지요. 고흐가 자살하기 직전인 1890년에 그린 작품이 〈가셰 박사의 초상〉입니다. 고흐는 평생 불운과 가난에 시달리며 붓을 살 돈조차 없을 때가 많았지요. 고흐가 서른일곱 살의 젊은 나이로 죽은 지 7년이 지나서야 이 작품은 겨우 300프랑(우리 돈으로 7만 원)에 팔렸습니다. 지금으로 보면 헐값이지요.

고흐,
〈가셰 박사의 초상〉, 1890년

그런데 한 세기가 지난 1990년, 미국 크리스티 경매에서 당시 사상 최고액인 8250만 달러(우리 돈으로 1070억 원)에 팔렸습니다. 일본의 한 기업인이 사 갔는데요. 그 뒤 오늘 이 순간까지 고흐의 그림은 나타나지 않았습니다. 이미 죽은 그 기업인이 생전에 "죽을 때 작품도 화장하고 싶다."고 말했다는 이야기가 솔솔 흘러나오고 있을 따름이지요. 만일 실제로 그의 죽음과 더불어 그 작품이 불태워졌다면, 그것을 어떻게 이해해야 할까요? 사적 소유의 문제점을 여실히 드러내 준 보기가 아닐까요?

딱히 같은 사례는 아닙니다만, 팝아트 화가 로이 리히텐슈타인이 1964년에 세코스키의 만화를 본떠 그린 작품으로 〈행복한 눈물〉이 있습니다. 그 작품이 미국 크리스티 경매에서 화제에 올라 〈뉴욕타임스〉에도 보도되었는데요. 그 작품 또한 한동안 '실종'되었지요.

〈행복한 눈물〉이 대한민국에 있다는 사실이 드러난 것은 어느 대기업의 불법 비자금 사건이 불거졌던 2007년 말입니다. 불법 비자금, 뉴스에 자주 등장하는 이 말은 대체 어떤 뜻인가요? 사업주가 떳떳하지 않은 방법으로 마련한 돈을 가리키지요. 공금을 개인 용도로 쓰기 위해, 또는 뇌물이나 정치 자금으로 쓰기 위해 만들어 놓습니다.

리히텐슈타인, 〈행복한 눈물〉, 1964년

〈행복한 눈물〉을 어느 대기업에서 불법 비자금 90억 원으로 사들여 숨겨 두었다는 이야기가 퍼져 갔지요. 그 사건으로 그 기업의 회장과 부인이 검찰에 출두해 조사를 받았습니다. 불법 비자금 혐의로 대한

민국 최고 부자가 법정에 섰지요. 법정에서 그는 '눈물'을 흘렸습니다. 물론, 법정은 그에 화답하듯 대부분의 혐의에 무죄 판결을 내리고 유죄로 인정한 부분도 집행 유예를 선고했습니다. 그가 흘린 눈물이 '행복한 눈물'이었다는 조소 어린 풍자가 나돌았지요.

솜방망이 판결이 당장은 그들에게 좋을지 모르겠습니다. 하지만 한국 경제를 길게 볼 때 우려할 만한 일입니다. 경제에서 큰 역할을 하는 대기업이 개인의 왕국에서 탈피해 거듭날 수 있는 기회이기도 했지요. 그러나 성숙을 위해 해결하고 넘어가야 할 문제들이 모두 덮어지고 말았습니다.

적잖은 청소년의 미래의 꿈이 돈 많은 부자이지요. 큰돈 모으는 일도 나름대로 의미는 있겠지요. 더구나 자본주의 사회에서 돈에 쫓기어 살 때, 일상의 삶 자체가 비루하고 비참하기 십상이니까요. 하지만 차찬히 스스로 물어볼 필요가 있습니다. 왜 나는 돈을 많이 벌려고 하는 걸까? 돈이 많으면 행복할까? 그럴 때 '많이'는 대체 어느 정도일까?

최고 부자가 되면 행복한가 불행한가라는 문제는 보는 사람에 따라 다를 수 있겠지요. 무엇보다 자기 스스로 판단할 개인적 문제이기도 하고요.

여기서 부와 명예가 보장된 철학 교수 자리를 마다하고 자유롭게 철학적 사색에 몰입했던 스피노자의 회고에 귀 기울여 볼까요.

세상 사람들은 부와 명예와 쾌락을 인생의 최고선으로 생각하고 그것을 추구한다. 나도 그러한 것에 끌렸던 때가 있었다. 그러나 그것이 인생의 최고선이 아님을 깨달았다. 부와 명예와 쾌락은 인간의 정신을 질식시키거나 교란시키거나 우둔케 하거나 적지 않은 후회를 남긴다. 쾌락의 추구에는 뉘우침이 따른다. 그러면 무엇이 인간에게 최고의 생활인가? 그것은 진리를 사랑하고 진리를 추구하는 생활이다.

스피노자의 말에 모두 동의할 필요는 없습니다. 얼마든지 다르게 생각할 수 있으니까요. 다만 우리가 직시할 문제가 있습니다. 많은 청소년이 돈 많이 벌고 싶은 욕망에 사로잡혀 정작 자신이 놓여 있는 객관적 현실을 정확히 읽지 못하고 있는 사실이지요.

노동자 부정하는 노동자

연세대학교 사회과학대에서 겸임 교수로 강의할 때 일화를 소개할게요. 거의가 4학년 학생이었는데요. 첫 시간에 물어보았습니다.

"노동자가 되실 분, 손들어 보세요."

아무도 들지 않았지요. 예상은 했지만 가슴이 아팠습니다. 그래서 더 물어보았지요.

"여러분들 곧 대학을 졸업하는데 그럼 무엇을 하려고요?"

저의 표정을 살피던 학생들이 한목소리로 크게 말하더군요.

"취업요!"

취업. 취직과 같은 말이지요. '일정한 직업을 잡아 직장에 나감'을 뜻합니다. 현대 사회에서 취업이란 대체로 어느 기업에

입사 원서를 내고 시험을 보아 합격하는 걸 말합니다. 합격한 그 시점이 법적으로 '노동 계약'을 맺는 순간이지요.

노동 계약을 맺는다는 것은 곧장 말해서 노동자가 된다는 의미입니다. 국어사전에서 노동자의 뜻을 찾아보면 더 명확해집니다. "노동력을 제공하고 얻은 임금으로 생활을 유지하는 사람"이지요. 사전은 부연 설명을 해 놓았어요.

"법 형식상으로는 자본가와 대등한 입장에서 노동 계약을 맺으며, 경제적으로는 생산 수단을 일절 가지는 일 없이 자기의 노동력을 상품으로 삼는다."

자신의 노동력을 제공하고 얻은 임금으로 생활을 유지하는 사람, 우리 국민 대다수이지요. 육체노동자만 노동자가 아닙니다. 초중등학교 교사도, 대학교수도 노동자입니다. 기자나 프로듀서·아나운서도, 공무원도 또한 노동자이지요. 그래서 교직원 노동조합이 있고, 언론 노동조합, 공무원 노동조합이 있지 않습니까?

학교를 졸업한 젊은이가 취직을 하면 직업은 다르더라도 대부분 노동자가 됩니다. 더러 자신이 독립해서 돈을 벌며 살아가는 자영업자가 되기도 하지요. 자기 소유의 논과 밭에서 농사를 짓는 농민이나 영세 자영업자, 스스로 개업한 의사나 변호사가 그렇지요. 하지만 그들 또한 사실상 자신의 창조적 노동력으로 경제생활을 해 나가는 사람이지요.

그럼에도 왜 취업하겠다는 대학생, 그것도 사회과학을 4년 동안 공부한 대학생들이 곧 졸업을 앞둔 상황에서도 자신이 노동자가 된다는 사실을 모르는 걸까요? 현실에서 대다수가 노동자로 살아갈 터인데도 왜 그럴까요?

실제로 우리 둘레에 '노동'이라는 말에 거부감을 지닌 사람들이 얼마나 많은가요? 여기서 호기심이 일어나지 않나요? 혹시 노동자가 자신을 노동자로 인식하는 진실을 아는 게 불편한 누군가의 의도가 있는 건 아닐까요? 노동자가 자신을 노동자로 인식할 때, 노동법에 보장된 자기 권리에 눈뜨게 되니까요. 노동자가 한 사회를 움직여 가는 실질적 주체이자 절대 다수임을 깨닫게 되니까요.

냉철하게 돌아보세요. 우리가 지금 쓰고 있는 컴퓨터나 책상, 의자, 침대는 물론이고 살고 있는 집, 입고 있는 모든 옷, 먹고 있는 모든 음식을 누가 만들었습니까? 우리가 보는 신문 지면과 방송 화면은 또 누가 만들었을까요?

흔히 상표 이름을 대며 어느 어느 기업에서 만들었다고 하지요. 그런데 실제로 그 기업에서 누가 만들었을까요? 돈을 투자한 사장? 아무리 돈이 많아도, 자본 그 자체는 아무것도 만들어 낼 수 없습니다. 자본이 고용한 노동자가 모든 걸 창조해 내지요. 이른바 '명품'도 마찬가지입니다. 노동하는 사람을 거치지 않고 이 세상에 출현하는 상품은 단 하나도 없습니다. 사람의 노동이 얼마나 신성하고 창조적인가를 아주 쉽게 확인할 수 있는 '증거'입니다.

베토벤(1770~1827)

우리는 지금 여러 노동자들의 노동 덕분에 살아가고 있습니다. 그게 분업의 참뜻이지요. 자신도 어떤 직업을 선택해 노동하면서 살아갈 때, 다른 사람을 돕게 됩니다. 바로 그때 우리는 비로소 베토벤의 즐거움, 곧 "타인을 위해서 일할 수 있다는 것은 어릴 때부터 나의 최대 행복이며 즐거움"이란 말이 특정 예술만이 아니라 노동 일반과 이어져 있음을 발견할 수 있습니다.

개개인이 자신의 개성과 능력에 맞춰 선택한 직업에서 성실하게 일(노동)하는 가운데 자아를 창조하며 완성해 가는 사회, 그것이 민주주의 사회입니다. 문제는 그와 어긋난 일이 일상적으로 벌어지고, 또 구조화했다는 데 있지요. 간단한 통계로 우리의 현실을 구체적으로 짚어 볼까요?

대한민국은 직장에서 일하는 시간(노동 시간)이 경제협력개발기구(OECD) 국가 가운데 가장 깁니다. 과로가 쌓이면서 40대 남성의 사망률이 가장 높지요. 결코 넓지 않은 이 땅의 곳곳 일터에서 '산업 재해'로 날마다 평균 6명이 숨지고 246명이 다칩니다. 다른 나라와 비교해도 참으로 납득하기 어려운 야만입니다. 자살률도 가장 높지요. 북유럽과 달리 이 땅에서 자살의 대다수는 생계 비관형입니다. 그뿐인가요? 전체 취업 노동자 가운데 절반 이상이 비정규직 노동자입니다. 2008년 9월 현재 858만 명을 넘어섰지요.

어렵사리 정규직으로 취업해도 더는 정년이 보장되지 않습니다. 젊음을 바쳐 성실하게 일해 온 일터에서 어느 날 갑자기 '명예' 퇴직 당하는 상황이 대표적 보기이지요.

이 모든 게 나와 관계없을까요? 전혀 아닙니다. '노동자'를 둘러싼 이 우울한 통계는 곧바로 청소년 개개인의 미래와 이어집니다. 그곳을 무대로 자기완성을 구현해 가야 하니까요. 10대들이 앞으로 70여 년 넘게 꿈을 펼쳐 갈 마당이니까요.

그런데 보세요. 학원이나 과외를 다녀 이른바 '명문 대학'을 나온다고 해도 좋은 일자리를 찾기란 '하늘의 별 따기'라는 말이 나돌고 있지 않나요? 대학을 졸업해도 취업이 되지 않는 청년 실업 문제, 가까스로 취업을 하더라도 비정규직 노동자가 될 가능성이 점점 높아 가는 게 현실입니다.

그럼에도 어떤가요? 우리는 막연하게 '부자' 꿈을 꾸고 있습니다. 노동자가 된다는 것, 그것은 노동으로 자아를 실현하며 경제생활을 하고 다른 사람을 돕는 길입니다. 아름답고 행복한 길이지요. 문제는 그 신성하고 창조적인 노동을 멸시하고 힘들게 하거나 차별로 옭아매는 현실에 있지, 결코 노동 자체에 있지 않습니다.

더구나 이미 살펴보았듯이 모든 현실은 변화합니다. 한국에서 살아가는 노동자처럼 긴 노동 시간을, 그것도 언제 해고될지 모르는 불안한 상황에서 일하는 것은 결코 '고정불변의 질서'가 아닙니다. 비정규직이 늘어나는 현상 또한 불가피한 대세나 국제 표준(글로벌 스탠더드)이 아니지요. 같은 자본주의 국가라고 해도 북유럽의 많은 나라들은 사람이 사람답게 살아갈 수 있는 기본 복지를 보장하고 있어요. 그곳 사람들에게는 가난으로 굶주리거나 학비 마련을 못해 자살하는 일은 상상할 수 없는 '야만'입니다.

그 나라들은 어떻게 그런 현실을 만들었을까요? 노동자가 자신이 노동자임을, 그 명백한 진실을 알고 있기 때문이지요. 그리고 정치를 통해 공동의 가치를 실천했기 때문이지요. 그것은 결코 큰 희생을 요구하는 일이 아닙니다. 그게 얼마나 쉬운 길인가는 이 책의 뒷부분 '정치 경멸의 정치 읽기'에서 이야기 나눠 보죠.

여기서 짚고 넘어가야 할 것은 삶의 자기 창조 과정에 직업은, 곧 우리 개개인이 선택할 노동은 행복에 이르는 가장 중요한 고갱이라는 진실입니다. 노동 없이 자기 창조란 원천적으로 불가능하니까요. 앞으로 남은 장에서 더 상세히 살펴보겠지만 특히 21세기에는 더욱 그렇습니다.

신문과 TV 짚어 보기

더듬이가
제구실을 못하면
달팽이는
어떻게 될까요?

달팽이는 왜 더듬이를 세울까

　어린 시절 누구나 한번쯤 달팽이를 눈여겨 관찰해 본 추억
이 있을 성싶습니다. 달팽이는 더듬이로 끊임없이 허공을 더듬
으며 나아가지요. 숲에서 0.1센티미터의 달팽이를 발견했는데,
까만 점처럼 빠드름한 더듬이를 앙증맞게 세우더군요. 달팽이
가 언제나 왕성하게 더듬이를 움직이는 까닭은 무엇일까요?

　당연히 살기 위해서입니다. 생명체로서 자신의 외부, 생의
환경을 한순간도 멈춤 없이 탐색해야 하니까요. 달팽이에게 더
듬이는 없어서는 안 될 필수 기관입니다. 머리 부분에 안테나처
럼 뾰족하게 세운 더듬이는 먹이를 찾고 적을 피하는 구실을 하
지요. 촉각을 곤두세운다는 말도 여기서 비롯됩니다.

　무릇 모든 생명체는 자신의 외부를 정확히 파악해 무엇이

자신에게 이롭고 어떤 게 해로운지 구별할 수 있어야 생존합니다.

사람도 예외가 아니지요. 사람은 달팽이보다 더 발달된 감각 기관을 지니고 있습니다. 하지만 사람의 환경은 달팽이보다 더 복잡하지요. 자연환경만 아니라 사회 환경까지 파악해야 합니다. 사회 환경을 인간 개개인의 감각 기관에 의존해 파악하기란 불가능합니다.

따라서 개인이 자신의 적성과 의욕에 따라 자아실현의 길을 그릴 때, 또 그 길을 걸어가겠다고 다짐했을 때, 사회 환경을 파악할 '더듬이'가 필요합니다. 다만 청소년기만이 아닙니다. 어른이 되어서도 인간은 평생 사회 속에, 끊임없는 '사회화' 과정 속에 존재하기 때문이지요.

한 사회를 살아가는 구성원들은 사회화 과정에서 지켜야 할 일과 해서는 안 될 일을 일상적으로 체득하게 됩니다. 무엇이 이롭고 무엇이 해로운지 판단하는 더듬이 구실을 '사회화' 과정이 대신하며, 여러 가지 고정관념을 심어 주지요.

사회화가 형성해 놓은 선입견이나 고정관념으로부터 우리가 얼마나 자유로운가를 성찰해야 할 이유이기도 합니다. 대다수 어른이 그 틀에서 벗어나지 못한 채 살아가고 있기에 더욱 그렇습니다.

물론 사회화 자체를 경계하며 살펴볼 필요는 없고, 그렇게 보아서도 안 됩니다. 특히 청소년기에는 기성 사회로부터 전수받아야 할 지식과 슬기가 적지 않기에 더 그렇지요.

다만 짚을 곳은 있습니다. 사회화 과정에서 진실과 다르거나 뒤틀린 대목이 있다면 어떻게 해야 옳을까요? 누가 어떻게 진실을 가렸는지, 왜 뒤틀렸는지 살펴보는 호기심도 사회화 못지않게 절실한 과제입니다.

적어도 사회과학자라면 아무리 보수적 시각을 지녔더라도 새로운 세대를 길러 내는 일을 일방적 사회화로만 인식하지는 않습니다. 새로움의 창조 없이 기존 제도의 전수만으로는 세계사에서 뒷전으로 밀릴 수밖에 없다는 게 역사의 교훈입니다.

그동안 우리 사회는 개개인이 일방적인 사회화로부터 벗어나는 시점을 암암리에 대학 입학으로 여겨 왔습니다. 초중등 교육의 기능은 문화의 전수, 대학의 기능은 문화의 창조로 구분했지요. 대학을 '진리의 전당'이나 상아탑으로 추켜세웠던 이유도 같은 맥락입니다.

하지만 21세기 들어서면서 초중등 교육과 대학 교육을 칼로 두부 자르듯 '전수'와 '창조'로 구분하는 게 과연 얼마나 타당한지 회의적일 수밖에 없는 현상이 나타나고 있습니다.

첫째, "대학도 산업"이란 말을 서슴지 않았던 노무현 전 대통령의 말처럼 대학 교육을 기업의 논리로 재는 경향이 널리 퍼져 있기 때문입니다. 가령 대학 총장의 자리에 경영인이나 경제인이 앉는 걸 환영하고, 대기업의 대학 재단 인수를 대학 구성원들이 반기는 게 오늘의 상황입니다. 그런 객관적 변화를 고려하지 않고 대학을 예전과 같이 비판과 창조의 공간으로 설정하는 것은 현실과도 다르고 바람직하지도 않습니다.

둘째, 인터넷의 발달로 다양한 정보를 이미 청소년기에 만날 수 있고, 활용할 수도 있기 때문입니다. 예전이라면 쉽게 접할 수 없던 많은 지식과 정보가 거의 실시간으로 유통되고 있습니다. 서로 어긋나는 정보를 비교할 수 있고, 그 옳고 그름까지 판단할 수 있게 되었지요. 대학교수의 강의까지 동영상으로 만날 수 있습니다.

맥락은 조금 다릅니다만, 청소년에게 2차 성징이 빨라지는 현상과 같습니다. 일방적 사회화 과정에 맞서 청소년기부터 자기 두 발로 서야 할 현실적 이유이기도 합니다. 자칫 콸콸 쏟아지는 '정보 홍수'에 자신도 의식하지 못한 채 청소년기의 순수성을 잃어버리거나 10대의 중요한 자산인 상상력이 '익사'할 수 있습니다.

따라서 알게 모르게 개개인의 삶에 강력한 영향을 드리우고 있는 사회화의 핵심 기관을 꼼꼼하게 짚을 필요가 있어요. 먼저 짚어 볼 곳은 언론입니다.

현대 사회에서 언론은 '평생 교육 기관'의 구실까지 자임하고 있습니다. 우리가 자아를 실현해 가는 길에서 반드시 깊이 살펴보아야 할 영역이지요.

새삼스러운 원론적 물음입니다만, 언론의 가장 중요한 기능은 무엇일까요? 단연코 '진실'입니다. 우리가 살아가는 세상에서 무엇이 일어나고 있는가를 알려 주는 게 언론이 해야 할 가장 기본적인 일이지요.

현대 사회에서 살아가는 우리 개개인에게 언론은 살아가는데 없어서는 안 될 '더듬이'입니다. 우리 각자가 삶을 영위하는데 필수 기관이지만 개개인이 할 수 없어 독립시켜 전문화한 더듬이, 바로 그것이 신문과 텔레비전이라는 대중매체이지요. 더듬이가 제구실을 못 할 때 달팽이는 죽습니다. 어떨까요? 우리 사회가 위임해 놓은 저 더듬이, 과연 믿어도 좋을까요?

사회생활의 '더듬이' 대중매체

달팽이처럼 우리 개개인의 하나뿐인 삶도 외부와 끊임없이 연관을 맺으며 살아갈 수밖에 없습니다. 그 외부, 삶의 환경을 감시할 권리와 의무를 부여받은 게 바로 언론이지요. 직업의 분업이 시간이 갈수록 더 세분화해 가고 세계화가 급속도로 진전되는 시대를 살아가면서, 개개인이 자기 영역 밖에서 일어나는 일을 온전히 파악하고 대처하기란 결코 쉬운 일이 아니니까요.

급변하는 사회에서 자신의 삶을 꾸려 가려면 최소한 자신의 삶 밖에서 어떤 일이 일어나고 있는지 시시각각 알아야 합니다. 현실 세계에서 일어나고 있는 현상들 가운데 사회 구성원 개개인의 삶에 영향을 끼칠 사건을 그때그때 알려 주는 사회적 제도, 이것이 언론의 교과서적 정의입니다.

따라서 언론은 무엇보다 먼저 어떤 사건이 일어났는가를 파악하고, 그 사건이 왜 일어났는지 설명함으로써 앞으로 어떤 피장을 가져올지 전망을 제시해야 마땅합니다. 언론이 제구실을 온전히 못할 때, 사회 구성원들의 삶이 받는 폐해는 헤아리기 어려울 만큼 넓고 또 깊겠지요.

생각해 보세요. 만일 언론이 일어나고 있는 일을 일어나고 있지 않다고 보도하거나 일어나지 않는 일을 일어난다고 보도할 때, 우리 개개인의 삶은 어떻게 될까요? 그때 언론은 과연 무엇일까요?

그때 언론은 우리의 삶을 파괴하는 제도로 타락할 수밖에 없어요. 이것은 결코 비유도 과장도 아닙니다. 이미 앞서 보았듯이 의병을 '비도'로 몰아친 언론은, 일본군에 자원입대해 개만도 못한 죽음을 당한 것을 '영예의 죽음'으로 찬양한 언론은,

1980년 5월 '화려한 휴가' 때 군부의 학살을 뒷받침해 주러 온 미군 항공모함을 자신을 살려 줄 구원자로 민주 시민들이 인식하게끔 만든 언론은, 그 각각의 실제 사례에서 당대를 살아가던 사람들의 하나뿐인 생명에 결정적 영향을 끼치지 않았습니까?

그러니 언론이 우리 개개인에게 사회 환경을 알려 주는 더듬이라고 막연하게 생각만 할 때가 결코 아니지요. 그 더듬이가 과연 우리 삶의 외부 현실을 정확하게 알려 주고 있는지 솔솔 호기심이 일지 않습니까? 그 더듬이를 믿고 살아가는 사람들이 대다수이기에 더 그렇습니다.

그래서입니다. 대중매체에 대한 교육이 어느 때보다 중요합니다. 대중매체 교육이란 말을 들으면 아마도 청소년에게 가장 먼저 떠오르는 게 '신문 활용 교육'이 아닐까 싶어요.

신문 활용 교육. 초등학교에 NIE(Newspaper In Education)라는 말로 퍼져 가고 있지요. 신문 활용 교육이 내세우는 목표는 '신문을 교재 또는 보조 교재로 활용해 지적 성장을 도모하고 학습 효과를 높이기 위한 교육'으로 되어 있습니다. 신문을 활용해 청소년의 지성이 익어 간다면 좋은 일이지요. 실제로 신문을 통한 학습과 지적 성장은 대단히 중요한 과제이기도 합니다. 더구나 학생들 스스로 신문을 만들어 보는 교육은 이상적이기도 합니다.

다만 세심하게 살펴볼 문제는 있습니다. 신문 활용 교육이 처음 선보인 시점은 1950년대 후반입니다. 1958년 미국 신문발행인협회는 "청소년의 문자 기피 현상이 심화되고 있다."며, 학교 수업에 신문 활용의 중요성을 신문업계 차원에서 부각해 갔습니다. 곧이어 미국의 모든 지역으로 퍼져 갔지요.

현재 미국에서는 1000개 안팎의 신문사가 10만여 학교와 함께 NIE를 실시하지요. 미국에서 시작한 신문 활용 교육은 다른 나라들로 퍼져 가 60여 나라에서 시행하고 있습니다. 한국도 그 가운데 하나입니다.

주목할 것은 신문 활용 교육의 주체가 발행인이라는 사실입니다. 한국에서도 마찬가지였습니다. 1995년 〈중앙일보〉가 개별 신문사 차원에서 NIE를 도입하고 관련 지면을 편집했습니다.

여기서 우리는 당연히 물어야 합니다. 왜 신문 발행인이나 편집인들이 신문 활용 교육에 적극 나섰을까? 무릇 어떤 사회 현상과 마주쳤을 때, 누가 왜 그랬을까를 짚어 보는 게 그 현상을 가장 정확하게 이해하는 방법이지요.

신문 발행인들 스스로 처음부터 내세운 이유가 있습니다. "청소년의 문자 기피 현상이 심화"되고 있다는 우려입니다. 미국이 신문 활용 교육을 시작한 1958년은 텔레비전이 등장해 급속도로 퍼져 가던 시점입니다. 신문보다 텔레비전에서 정보를 얻는 사람이 늘어나는 상황은 신문사 발행인이나 편집인들에게는 몹시 우려할 만한 일이었지요. 그래서입니다. 신문독자를 영상 매체에 빼앗기지 않으려면, 어린 시절부터 신문을 가까이 지내게 할 방법이 필요하다고 판단했습니다. 일종의 '각인 효과'이겠지요. 실제로 미국에서 그 효과는 컸습니다. 신문 활용 교육을 받으며 신문에 익숙해진 학생들은 성인이 되어 신문을 정기 구독 하는 비율이 훨씬 높았습니다.

물론 신문 발행인들에게 신문의 미래 독자를 확보하려는 판매 전략의 의도가 있다고 해서 신문 활용 교육 자체가 나쁘다고 주장한다면, 논리의 비약일 수 있겠지요. 문제는 신문 활용 교육의 내용에 있습니다.

신문 발행인들이 중심이 되어 틀을 만든 신문 활용 교육은 아무래도 신문에 대한 긍정적 요소만 강조할 수밖에 없습니다. 신문에는 여러 분야의 새로운 정보가 날마다 실리므로 이를 활용하면 유익하고 실용적인 학습을 할 수 있다는 논리나, 신문을 일러 '살아 있는 교과서'로 자부하는 모습이 그 보기이지요.

하지만 신문 활용 교육의 목적이 "신문에 실린 정보를 활용해 교육 효과를 높임으로써 궁극적으로는 스스로를 책임질 수 있는 교양 있는 민주 시민을 양성하는 데 있다."면, 무엇보다 중요한 교육은 신문을 바르게 읽는 방법을 알려 주는 것이 아닐까요? 한국 언론은 왜곡이 심하기 때문에 더욱 그렇습니다.

깨져야 할 신문의 신화

신문은 청소년에게 어른들이 읽는 매체로 다가오기 십상입니다. 사실 입시 경쟁 탓에 읽을 시간도 없지요. 그런데 '신문 활용 교육'이 제법 퍼져 있고, 신문 사설이 논술 학습의 '교재'로 점점 청소년에게 가까이 다가서고 있습니다.

따지고 보면 신문은 이미 초등학교 때부터 교실에 들어와 있지요. 단체로 어린이 신문을 구독하는 초등학교도 적지 않습니다. 언뜻 아무런 관계도 없어 보이지만, 어린이 신문 구독과 신문 활용 교육은 깊숙한 곳에서 연결되어 있지요. 예비 정기 구독자 확보가 그것입니다.

자, 그럼 신문을 바로 읽으려면 어떻게 해야 할까요? 본격적으로 짚어 봅시다. 무엇보다 신문의 오랜 신화, 곧 신문이 객관적 사실을 있는 그대로 보도한다는 믿음부터 살펴볼까요? 대다수 사람이 신문에 난 기사를 무조건 사실로 믿고 있습니다. 신문 지면을 읽으면서 신문 기사가 현실을 있는 그대로 반영한 객관적 사실이라고 전제하지요.

과연 신문 지면은 있는 그대로 현실을 담아낼까요? 아주 간단한 물리적 사실로 진실을 쉽게 확인할 수 있습니다. 아무리 신문 지면을 늘린다고 하더라도 그날 하루 지구에서 일어난 모든 사건을 빠짐없이 담아낼 수 있을까요?

답은 분명합니다. 불가능하지요. 그렇습니다. 신문은 현실을 있는 그대로 반영하는 게 아닙니다. 현실 가운데 중요한 것을 추려서 담아내지요. 언론학 이론에서는 그것을 일러 '현실 재구성'이라고 합니다.

쉽게 말해서, 신문은 '사실'이 아니라 '그림'이지요. 사실 보도에 대한 고정관념이 오랜 세월을 거쳐 독자 의식에 뿌리내려 있기 때문에 '신문 구독'과 '기사 읽기'를 등식으로 놓기 십상입니다.

물론, 기사는 신문의 주요 구성 요인이지요. 그런데 조금만 거리를 두고 신문을 들여다보면, 기사가 전부가 아님을 누구나 쉽게 확인할 수 있습니다. 지면에서 기사의 분량은 생각보다 적지요.

기사 못지않게 각 지면마다 신문 제목(표제)과 사진이 있습니다. 신문은 기사와 사진, 표제를 '3원색'으로 삼아 현실을 그려 나가는 그림이지요.

신문의 그림을 예술이라 하긴 어렵습니다. 위대한 미술 작품의 경우 생명력이 수백 년, 아니 수천 년을 지나 영겁을 꿈꾸지만, 신문의 그림은 생명이 고작 하루이니까요.

하지만 신문은 하루살이로 생명을 마칠 운명에 머물지 않습니다. 신문이 그리는 현실의 그림은 그 신문을 읽는 수백만 명의 생각에 영향을 끼침으로써 여론을 형성하니까요. 예술 작품과 다른 의미에서 신문 그림은 독자적 생명력과 영향력을 지니고 있지요.

신문 지면마다 정치면, 사회면, 경제면, 문화면, 여론면과 같은 이름이 붙어 있습니다. 각각의 편집자가 매일매일 백지 위에 그날의 그림을 그려 가지요. 각 지면을 맡고 있는 편집 기자는 사진과 기사, 표제를 어떻게 배열하여 지면을 구성할 것인지 고민합니다. 신문 편집부에 미술을 전공한 디자이너들이 지면의 미적 감각을 높이기 위해 편집 기자로 특채되는 상황도 신문이 그림임을 뒷받침합니다.

그러나 신문이 그림인 까닭은 단순히 지면의 미적 구성이라는 좁은 의미에 그치지 않아요. 지면에 삶의 현실을 담아내기까지 모든 행위가 그림을 그리는 과정이지요. 편집이 그것입니다.

무릇 모든 그림이 단순한 현실 복사가 아니듯 신문 편집이라는 그림 또한 현실을 그대로 복사하는 게 아니지요. 무수한 삶의 현실 가운데 어느 것을 기사화할지 선택하고 결정합니다.

따라서 신문 기사는 모두 객관적이라는 잘못된 고정관념부터 확실히 깰 필요가 있어요. 선택과 결정은 가치 판단을 의미하며, 가치 판단은 어쩔 수 없이 주관의 영역이기 때문입니다.

가령 보기를 들어 볼까요? 아무리 중요한 사건이 일어나고 그 현장에 기자가 있다고 하더라도, 만일 취재 기자가 중요한 사건이 아니라는 판단으로 기사화하지 않는다면, 어떻게 될까요? 그 사건은 '없는 일'이 되기 십상이지요. 특히 한 가지 신문만 보는 정기 구독자가 대부분인 우리 사회에서 특정 신문이 보도하지 않는 사실은 그 신문 독자에게는 '없는 일'이 됩니다.

반면에 취재 기자가 기사화했다고 해도 그것이 그대로 지면에 인쇄되는 것이 아닙니다. 취재 기자가 현장에서 쓴 기사는 취재부장의 손은 물론, 기사를 지면에 담아내는 편집 기자와 편집부장의 손을 거쳐야 합니다. 마지막 관문은 편집국장이지요.

그러므로 신문 지면에 실린 기사는 최소한 취재 기자, 취재부장, 편집 기자, 편집부장, 편집국장이라는 다섯 사람의 눈과 손을 거쳐 '선택받은 사건'들입니다.

공동 작업 과정을 통해 인쇄되어 독자가 받아 보는 각 지면의 현실 그림에는 여러 단계에 걸쳐 각각 그들의 시각과 보도 관행, 심지어 현실을 인식하는 이데올로기가 녹아들 수밖에 없습니다. 아무리 사실주의적 작품이라 하더라도 현실과 달리 그림에는 화가의 숨결이 담기는 이치와 같습니다.

신문 지면화의 단계별 과정은 작은 1단 기사까지 신중하게 이모저모 살펴 배치한다는 긍정적 측면이 있습니다. 그러나 그와 함께 바로 그만큼 기사가 진실에서 더 멀어질 수 있지요.

신문 읽기를 넘어 신문 편집을 보아야 할 이유가 여기에 있습니다. 단순한 신문 읽기를 넘어 신문 편집을 보려면 구체적으로 무엇을 해야 할까요?

첫째, 신문 지면마다 그 그림을 그린 편집자의 의도를 헤아려야 합니다. 우리가 미술 작품을 보며 그에 담긴 의미를 감상해야 옳듯이, 신문 지면 또한 그 의미를 곰곰 생각해야 하지요. 화가의 작품에 그의 철학과 시대적 조류가 담겨 있는 것처럼 신문이라는 그림 또한 마찬가지입니다.

한 지면에 보통 들어가는 기사 꼭지 수는 한정되어 있지요. 그 가운데 왜 편집자는 이 기사를 머리로 올리고 어느 기사는 중간 또는 1단으로 처리했는지 따져 물어야 합니다. 또 사진을 어느 정도 크기로 어떻게 배열했으며, 숱한 사진 가운데 그 사진을 실은 의미는 무엇일까도 한번쯤 되물어볼 필요가 있지요. 미술 작품을 감상할 때 어디에 강조점이 있는가를 살펴보듯 지면을 바라본다면 신문 보기가 한결 넉넉해집니다.

문제는 신문이 그린 현실 그림에 오로지 신문사 편집국 기자들의 판단만 담기는 게 아니라는 사실에 있습니다. 신문사 편집국 외부에서 편집 과정에 깊숙이 개입하고 있는 요소들이 있기 때문이지요. 여기서 다음 과제로 자연스럽게 이어집니다.

둘째, 신문 그림이 과연 올바른 가치 판단을 담고 있는지 찬찬히 살펴야 합니다. 신문이라는 그림 속에 편집자의 가치 판단만이 아니라 편집에 간섭하는 외적 요인이 있기 때문이지요.

우리 사회의 민주화가 진전됨에 따라 신문 편집에 정치권력의 영향력은 시나브로 줄어들고 있지요. 반면에 대기업의 영향력은 무장 커져 가고 있습니다. 무엇으로 영향을 끼칠까요? 광고이지요. 신문에 광고가 없으면 신문을 발행할 돈, 곧 물적 토대가 바닥이 납니다. 그 광고를 주는 곳이 기업, 특히 대기업이지요.

대기업 광고가 신문사 수입에 큰 비중을 차지하는 것 자체가 문제는 아니지요. 하지만 여기서 여러 가지 문제가 불거집니다. 광고를 많이 주는 대기업을 비판하는 기사가 점점 줄어들 수밖에 없지요. 큰 광고주가 신문 편집에 간섭하는 사례도 늘어나고 있습니다.

가령 2007년과 2008년에 걸쳐 모 대기업 회장의 비자금 사건이 한국 사회를 뒤흔들었지요. 그 사건을 있는 그대로 보도한 〈한겨레〉와 〈경향신문〉에 그 기업이 광고를 끊은 게 대표적 보기입니다. 또 주간지 〈시사저널〉에서는 그 기업에 관련된 비판 기사를 경영진이 일방적으로 삭제하는 사건도 벌어졌지요. 이에 항의하고 나선 기자들은 결국 〈시사IN〉을 창간했습니다.

따라서 언제나 객관적 사실을 내세우는 신문을 편집적 안목 없이 읽는다면, 우리가 세상을 바라보는 눈은 스스로 인식하지도 못한 사이에 자신이 구독하는 신문의 색안경을 쓰게 마련이지요. 신문 지면, 그 먹빛의 지면 뒷면에 정치와 경제의 문제가 꿈틀거리고 있다는 진실을 꿰뚫어 보아야 할 이유입니다. 신문 읽기에 '혁명'이 필요한 까닭이지요.

TV 스타의 독설, "TV는 독"

"태어날 때부터 엄마의 얼굴보다는 텔레비전 화면에 더 친숙하고 동요보다 CM송을 훨씬 더 잘 부르며, 공부할 때는 10분을 못 앉아 있어도 만화 영화를 볼 때는 밥 먹는 것조차 잊어버릴 만큼 몰두하는 아이들."

어느 언론학자가 10대 청소년을 'TV 세대'로 규정한 이유입니다. TV 세대에겐 존경하는 사람이 과거와 다르다고 하지요. 교과서에 나오는 이순신 장군이나 유관순 열사, 또는 에디슨을 존경한 기성세대에 비해, TV 세대가 존경하는 사람은 가수, 탤런트, 영화배우, 운동선수로 모두 텔레비전에 자주 나오는 인물

교과서의 위인을 존경한 기성 세대와 달리 TV 세대가 존경하는 사람은 TV에 자주 나오는 연예인이나 운동선수이다. 사진은 유관순과 가수 마돈나.

들이랍니다.

대중 '스타'에 열광하는 문화는 일찍이 미국에서 시작됐지요. 가령 미국의 가수 마돈나도 한 세대 청소년에게 우상이었습니다. 마돈나는 현란한 몸짓으로 더 유명했는데요. 마돈나가 세계적 가수로 성장한 데는 텔레비전의 영향력이 컸습니다. 영상시대를 가장 일찍 활용하고 만끽한 가수이지요. 그 마돈나가 영국 월간지와 가진 인터뷰에서 영상 매체에 충격적인 발언을 했습니다. "텔레비전은 독이다."

마돈나는 이어 "아이가 다른 사람과 대화하는 대신 텔레비전 앞에 앉아 있는 것은 심각한 잘못"이라고 말했습니다. 자신의 어린 딸이 텔레비전을 보지 않길 바란다는 말도 덧붙였어요.

텔레비전이 독이라는 마돈나의 독설, 어떻게 보나요? 주의해서 볼 것은, 마돈나가 어린 딸이 텔레비전을 보지 않길 바란다고 짐짓 위엄을 갖춘 대목입니다. 어떻습니까? 아마도 그 어린 딸도 엄마 마돈나가 텔레비전을 보지 않길 바라지 않을까요?

내가 말을 걸면
어머니는 시끄럽다 하시며
텔레비전에만 귀를 기울여요.

나는 텔레비전이 되었으면 좋겠어요.
어머니가 자주 나를 보실 테니까요.

(……)

내가 정말 텔레비전이 된다면
어머니는 매일 내 앞에서
내 얼굴을 들여다보며
내 표정과 내 말소리를 하나 빠뜨리지 않고
밤늦도록까지도
귀 기울여 주실 거예요.

아, 나는 정말
텔레비전이 되었으면 좋겠어요.
텔레비전이 되어
어머니의 사랑을 듬뿍 받고 싶어요.

시인 박정숙이 노래한 '텔레비전이 되었으면 좋겠어요'의
한 부분입니다. 텔레비전이 모자 관계마저 멀어지게 하는 현상

을 단적으로 드러낸 시이지요.

마돈나 발언에서 더 짚어야 할 대목은 텔레비전이 독이라는 독설입니다. 하지만 그것이 독설만은 아닌 이유가 과학적으로 뒷받침되고 있습니다. 예컨대 미국의 소아과협회 연구 보고서는 두 살 이하 어린이에 대해서는 텔레비전 시청을 금지하고 아이의 침실에 텔레비전 수상기를 두어서는 안 된다고 경고했어요. 어린이의 적절한 두뇌 발육을 위해서는 어른들과 친밀한 상호 작용이 필요한데, 아이가 텔레비전에만 매달릴 경우 두뇌 발달에 필요한 다른 자극을 얻지 못하기 때문이지요.

그뿐이 아닙니다. 텔레비전에 등장하는 여러 가지 폭력이 어린이의 공격적 성향과 관련 있음은 이미 미국 의학협회와 심리학협회, 국립 정신건강연구소의 연구에서 확인되었습니다.

제아무리 '인터넷 시대'라고 하지만 여전히 한국인의 텔레비전 시청 시간은 하루 평균 두 시간이 넘습니다. 더구나 텔레비전 화면은 더 이상 지상파 방송의 독점물이 아니지요. 방송이 통신과 결합함으로써 화면은 사실상 21세기 우리의 삶에 지배적 영향력을 휘두를 전망입니다. 인터넷과 결합한 텔레비전의 등장이 상징적 보기이지요.

그럼에도 텔레비전에 대한 평가는 극과 극을 오가는 낡은 문법 아래 놓여 있습니다. 텔레비전을 일러 '바보 상자'라 한 비판은 이미 텔레비전을 들여온 초기부터 있었습니다. 순간순간 감성적 화면을 쉼 없이 보여 줌으로써 시청자에게 스스로 생각할 여유를 주지 않아 결국 똑같은 사고를 하는 사람을 대량생산한다는 우려이지요. 쉽게 말해서 텔레비전을 오래 보면 제 스스로 생각하지 못하고 바보가 된다는 뜻입니다.

한편, 미국 언론학자 토니 슈와르츠는 현대인에게 텔레비전은 '신'이라고 분석했습니다. "신은 전지전능하시다. 그는 육체가 아닌 영혼이며 우리의 안과 밖에 존재하신다. 신은 어디에나 존재하기 때문에 늘 우리와 함께 하신다. 그는 신비로운 방법으로 행하시므로 우리는 그를 완전히 이해할 수 없다." 여기에서 '신' 대신 'TV'를 대입해도 아무 문제가 없다는 것이지요.

TV는 어디에나 있고 언제나 우리와 같이 있다. 수백만의 사람들이 같은 방송을 듣고, 같은 광고 속의 노래를 흥얼거리며, 연속극의 등장인물과 더불어 사랑과 죽음의 신비에, 죄인의 고뇌나 정의의 승리에 공감한다.

텔레비전을 아무 경계 없이 볼 때 자칫 TV 중독에 걸릴 위험이 있고, 이미 숱한 사람이 중독 현상을 보이고 있습니다. 영어로도 'Television Addiction'이라는 개념이 있지요. 텔레비전 탐닉, 곧 중독 현상을 이릅니다.

"일요일에는 텔레비전이 하루 종일 방영되기 때문에 남편은 하루 종일 꼼짝도 않고 한군데 드러누워서 텔레비전을 본다. 어떤 때는 이부자리도 개지 않고 옷도 갈아입지 않고 누운 채로 텔레비전만 보는 때도 있다. 하루 종일 말도 없이 텔레비전만 응시하면서 집안일을 조금도 도와주지 않는 그를 보면서 텔레비전을 내다 버렸으면 좋겠다는 생각을 한 적도 있었다."

어느 주부의 호소인데요. 과연 그것이 어느 한 사람만의 특수한 사정일까요? 들머리에 소개한 마돈나의 인터뷰와 '텔레비전이 되었으면 좋겠어요'라는 시에서도 묻어나듯이, TV는 우리가 의식하지 못한 채 가정 전체에 치명적 영향을 끼칩니다. 가족 구성원 모두가 원자화한 채 일상생활을 텔레비전과 함께 하는 풍경이지요.

텔레비전을 스스로 많이 본다고 생각하거나 TV 때문에 가족 사이의 대화가 단절된다는 것을 알면서도 절제하기 어렵습니다. 무엇을 의미할까요? 이미 TV에 중독된 증거이지요. 중독된 사람은 자신이 중독자라고 결코 생각하지 않아요. 텔레비전에 지배당하고 있으면서도 스스로 지배하고 있다고 자신하지요. 리모콘이 주는 환상 때문이랍니다. 스스로 리모콘을 눌러 얼마든지 다른 화면을 선택할 수 있다는 믿음으로, 마치 자신이 텔레비전을 통제하고 있는 듯 착각하지요. 중독자의 전형적 심리입니다.

즐거운 TV, 은폐된 현실

『1984년』과 『멋진 신세계』. 유토피아를 어둡게 그린 대표적인 두 소설입니다. 조지 오웰의 작품 『1984년』에는 '빅 브러더' (big brother)가 나오지요. 빅 브러더는 사람들의 말과 행동을 엄격하게 통제합니다. 한국에서 1984년은 쿠데타를 일으킨 전두환 정권이 겉으로는 '정의 사회 구현'을 내건 시기였어요. 오웰의 작품이 통렬하게 다가왔지요.

군부 독재가 물러가고 민주화가 진행되면서 떠오른 작품은 올더스 헉슬리의 『멋진 신세계』입니다. '멋진 신세계'에서 인간은 주어진 쾌락을 즐깁니다. 그러나 그것은 거짓에 불과할 뿐이지요. 언론학자 닐 포스트먼은 헉슬리의 우울한 예언을 텔레비전에 견주었지요. 그는 텔레비전 앞에서 현대인들이 '죽도록 즐기기'에 몰입한다고 주장합니다. 사람들이 텔레비전 앞에서 끊임없이 '즐거운 오락'에 몰입함으로써 '하찮은 것'에 정신이 팔릴 때, 자신도 모르게 어린이 정도의 '유치한 수준'에 머물게 되고 문화는 사멸한다는 침울한 전망이지요.

실제로 텔레비전을 보세요. 온통 즐거움으로 넘칩니다. 오락 프로그램은 새삼 말할 나위 없겠지요. 문제는 드라마도, 뉴스도 현실과 동떨어진 게 대부분이라는 데 있습니다.

오락 프로그램과 달리 드라마는 우리 삶의 일상을 마치 현실처럼 담아냅니다. 한국인 대다수가 드라마에 몰입하고, 그만큼 텔레비전에는 드라마가 넘쳐나지요. 오죽하면 대한민국은 '드라마 공화국'이라는 말이 나오겠습니까?

방송사의 드라마 편성 관계자들은 "한국인들이 천성적으로 이야기 구조를 좋아하고 극적 긴장감을 즐긴다."라고 주장합니다. 시청률이 광고 수익과 직결되기에 방송사들은 드라마 제작에 온 힘을 쏟고, 대한민국의 저녁 시간은 '드라마 천국'으로 바뀝니다. 저녁 시간만이 아니지요. 사람들 사이의 일상 대화에서도 드라마가 큰 비중을 차지합니다.

문제는 드라마로 가득한 텔레비전이 우리의 현실 인식을 돕는 게 아니라 오히려 저해하는 데 있습니다. 가령 드라마에 흔히 등장하는 주인공은 대체로 대기업 회장의 자녀입니다. 부유하게 자라 성격은 모나지만 귀엽고 순수한 사람으로 나오지요. 거의 가난한 집안의 젊은이와 사랑에 빠집니다.

신데렐라 꿈을 부추기는 드라마들과 청소년이 살아갈 실제 현실이 얼마나 일치한다고 생각하시나요? 텔레비전 화면에 가득한 대저택의 집안 살림살이나 상류층 가구들은 수많은 중산층에게 상대적 빈곤감을 느끼게 합니다. 더 많은 소비를 위해 더 많은 돈을 축적하려고 안간힘을 쓰고 그만큼 인색하게 되지요. 돈이 모든 가치의 맨 위에 있다는 망상이 알게 모르게 우리 의식을 지배하지요.

그와 정확히 반비례하여 비정규직 노동자나 농민, 도시 빈민은 드라마에 그다지 나타나지 않습니다. 방송사 드라마마다 단골로 나오는 대기업 회장의 자녀는 우리나라 30대 대기업을 모두 생각하더라도 100여 명 안팎입니다. 반면에 노동자는, 농민은, 빈민은 대한민국 인구의 절대 다수인데도 드라마에 나오는 빈도는 정반대이지요. 물론 현실을 반영하는 드라마도 간혹 있습니다. 하지만 그 경우에도 기껏해야 주변 인물이거나, 주인공이라 하더라도 민중이 놓인 고통스러운 현실과 거리가 있는 모습으로 그려집니다.

뉴스도 예외가 아닙니다. 청소년을 포함해 많은 사람들이 노동자나 농민 집회라는 말에서 붉은 띠를 두른 과격한 모습을 연상할 터입니다. 뉴스 시간에 시위를 벌이는 모습만 반복해서 나오기 때문이지요. 문제는 그 집회 현장에서 생존권을 요구하던 노동자와 농민이 시위를 진압하는 '공권력'의 방패에 맞아 숨지는 야만이 벌어져도 그 참사는 토막 뉴스로 전해지거나 묵살되는 데 있습니다. 은행 빚에 쫓기던 30대 어머니가 아이 셋을 고층 아파트에서 떨어트리고 자살해도, 택시를 모는 운수 노동자가 한미 자유무역협정을 반대하며 몸을 불살라도 텔레비전은 간단하게 보도하거나 무시하기 일쑤입니다.

반면에 즐거운 오락은, 비현실적 드라마는, 기존 정치권 중심의 뉴스는 넘쳐납니다. 국민 대다수가 겪고 있는 고통스러운 삶의 현실과 텔레비전은 동떨어져 있지요.

그 결과는 무엇인가요? 앞서 텔레비전이 '독'이라는 독설과 '신'이라는 찬송을 살펴보았지요. 사실 신이라는 분석도 찬양은 아니었지요. 텔레비전이 현대인에게 '신'의 반열에 오를 만큼 강력한 영향을 끼친다는 사실을 강조한 비유이지요.

텔레비전이 우리 일상생활을 점점 잠식해 들어오면서 현실 세계를 대체하는 상황에까지 이르고 있습니다. 현실 세계보다 TV가 보여 주는 현실이 더 현실로 다가오지요. 현실 세계에서 즐거울 일 없는 사람들이 텔레비전이 제공하는 세계에서 즐거움을 찾는 데 길들여지고 있는 것은 아닐까요?

텔레비전을 보지 말라는 비현실적 주장을 펼 생각은 없습니다. 다만 안테나를 세운 텔레비전이 우리에게 사회 현실을 정확하게 알려 주는 '더듬이'가 아니라는 사실은, 그리고 프로듀서들이 의도했든 아니든 결과적으로 현실을 은폐하기도 한다는 진실은 염두에 둬야 합니다. 화사한 드라마와 예능 프로그램을 즐길 때, 오직 상품을 팔려는 '일념'으로 눈과 뇌리에 융단폭격하듯 화려한 이미지를 강렬하게 쏟아 붓는 광고에 '유혹'될 때, 우리가 극복해 가야 할 현실의 문제점과 삶의 고통을 아예 잊게 되지요.

선진 국가의 시민 사회에서 신문과 텔레비전 비평이 활발하게 일어나는 이유도 대중매체가 지닌 위험성 때문입니다. 자아 실현의 길을 걸어갈 청소년에게 대중매체 짚어 보기는 '필수 교양'이지요. 신문과 텔레비전을 짚어 보는 습관을 지닐 때, 그 지면과 화면 안에 우리가 미처 모르고 살았던 이야기들이 꿈틀거리고 있다는 진실을 하나하나 발견할 수 있습니다. 호기심을 지닌 만큼, 설렘만큼 은폐된 진실이 드러나지요. 그 또한 즐거움이 아닐까요?

자기 주도 학습 익히기

정보보다 중요한
슬기를 얻으려면
어떤 공부를
할까요?

죽은 학교의 창백한 10대들

어느 중학교 1학년 교실에서 일어난 실화를 소개하지요. 그 반 담임 선생님의 증언입니다.

쉬는 시간이었어요. 담임 맡고 있는 반을 지나가는 길에 우연히 열려 있는 뒷문으로 들어갔습니다. 다음 수업이 체육 시간이어서 모두 나간 모양인데, 한 아이가 바삐 좌우를 두리번거리더니 이미 운동장으로 나간 옆 친구의 가방에서 재빠르게 공책 한 권을 꺼내더군요. 그때까지 무심히 보았지요. 아, 그런데 그 아이는 공책을 펼쳐 필기해 놓은 곳을 두 장 찢고 도로 친구 가방에 집어넣는 게 아니겠어요? 그리고 찢은 종이를 제 가방 깊숙이 감추는 걸 똑똑히 보았습니다. 옆 친구는 그 아이와 반에서 1, 2등을 다투는 사이였어요. 아이가 마치 아무 짓도 하지 않은 듯이 일어나 뒤로 돌아선 순간 저와 눈이 마주쳤지요. 얼굴이 하얗게 바뀌더군요. 저는 그 아이에게 분노를 일으키지 못했습니다. 충격과 연민으로, 하얗게 질린 그 아이의 머리를 쓰다듬듯 만지고 마치 못 본 듯이 다시 되돌아 나왔습니다. 평소 얌전하고 내성적인 아이였지요. 내가 지금 무엇을 가르치고 있는 걸까 근본적인 회의가 들었습니다.

어떤가요? 너무 슬픈 이야기이지요. 무엇이 10대 청소년의 푸른 영혼을 '지옥'처럼 만들어 놓은 걸까요? 경쟁 중심의 학교 교육 탓이지요. 학교가 인간성을 높여 주는 게 아니라 외려 인간성을 황폐화하고 있음을 보여 주는 단면입니다.

문제는 학교가 언론 못지않은 사회화의 핵심 기관이라는 데 있습니다. 더구나 청소년기에는 학교가 생활의 중심일 수밖에 없기 때문에, 학교를 '대학 입시의 수단' 정도로 무시하는 것은 바람직하지 않습니다.

그렇다면 청소년이 자아실현의 길을 걸어갈 때, 학교를 어떻게 바라보아야 옳을까요? 대한민국에서 초등학생이 살아가는 서글픈 모습부터 되짚어 봅시다. 열 명 가운데 아홉 명이 과외를 받지요. 하나만 받는 게 아니어요. 과외 과목이 평균 3.13개에 이른다고 합니다.

작고 여린 다리로 여기저기 학원을 정신없이 다니다가 파김치가 되어 창백한 얼굴로 집에 돌아오는 어린이, 어쩐지 낯익지요? 당연합니다. 대다수 10대에게 다름 아닌 자신의 모습이니까요. 가출 충동은 물론 자살 욕구까지 느끼는 초등학생이 적지 않답니다. 실제로 학원에 다니는 게 힘겨워 한 초등학생이 자살

했지요. 다음과 같은 유서를 남겼습니다.

"나도 물고기처럼 자유롭게 날고 싶다."

중학교에 들어가면 조금 더 심각해집니다. 고등학교까지 평준화했지만 어느새 여러 이름의 '명문고'들이 생겨났기 때문이지요. 그 학교에 들어가려는 경쟁이 격심합니다. 그래도 중학교까지는 상대적으로 압박감이 덜합니다. 고등학교에 들어가는 순간 경쟁의 강도는 한층 높아집니다.

한국에서 고교 시절, 말 그대로 '입시 지옥'입니다. 한국사회조사연구소가 전국의 고등학교 1, 2학년을 대상으로 조사한 결과를 잠시 들여다볼까요? 열 명 가운데 여덟 명이 평일에 여섯 시간도 잠들지 못합니다. 고등학교 3학년이 되면 어떻게 될까요?

아침 6시 이전에 집에서 나오는 아이들의 44퍼센트가, 새벽 1시 넘어 집에 들어가는 아이들의 16퍼센트가 자살 충동을 느꼈다고 답했습니다.

그럼에도 정부는 2008년 4월 15일에 경쟁 중심의 교육을 더 강화하겠다고 나섰습니다. 0교시 및 심야 자율 학습 부활, 우열반 편성을 뼈대로 한 '학교 자율화 추진 계획'을 발표했지요.

단순한 우연이었을까요? 바로 그날 밤 서울의 한 아파트에서 여고 3학년 학생이 14층 자기 방에서 창밖으로 몸을 던졌습니다. 특목고(특수목적고)에 다니는 학생이었지요. 특목고에서도 성적이 상위인 학생이었습니다. 3월 모의고사에서 전교 7등을 했대요. 한 해에 약 20여 명이 서울대에 진학하는 학교임에 비추어 본다면 그 성적만으로도 충분히 서울대에 갈 수 있었지요. 그런데 왜 자살을 했을까요? 14층에서 떨어질 때 얼마나 무서웠을까요? 얼마나 아팠을까요?

그날은 수능 모의고사가 있는 날이었지요. 하루 종일 시험을 치른 다음 친구들과 답안을 맞추던 그 아이의 얼굴이 굳어졌답니다. 친구들에게 "시험을 잘 못 봤다."고 말한 뒤 '자율 학습'도 하지 않고 곧장 집으로 갔습니다.

14층 아파트 방에서 몸을 던지기 전에 같은 반 친구들 몇몇에게 손전화를 걸었던 게 확인되었습니다. 하지만 연결이 되지 않았습니다. 대부분 꺼져 있었지요. 자율 학습 시간이어서 교사가 학생들 손전화를 수거해 꺼 놓고 집에 갈 때 돌려주기 때문입니다.

그 학생은 성적에 예민했다고 해요. 고등학교 2학년 때는 시험을 망쳤다고 운 적도 있었답니다. 문제는 학교 시험을 치른 뒤 전교 100등 안에 드는 학생 명단을 게시해 놓는 데 있습니다. 1등부터 100등까지 '서열'을 다음 시험 결과를 붙일 때까지 '전시'해 놓기에, 누가 성적이 오르고 떨어졌는지 두루 알게 됩니다. 학생들로서는 경마장의 말이 되는 셈이지요. 오래전이지만 제가 다니던 중학교에서도 그랬답니다. 성적이 나오고 게시판에 발표할 때쯤이면 누가 전교 1등인지 화제가 되었지요. 초조감에 가슴이 쿵쾅거리던 기억이 아프게 떠오릅니다.

학교는 그 학생의 죽음이 학교 밖으로 알려지는 것을 꺼려 쉬쉬하기 바빴습니다. 자살 소식을 들은 뒤 100등까지 공개한 게시물을 곧장 떼어 냈지요. 교장은 교사들에게 '기자한테 아무 이야기도 하지 말라.'고 엄명을 내렸답니다.

자살한 학생의 친구는 '오마이뉴스'와 인터뷰에서 울먹이며 심경을 밝혔어요.

선생님들이 친구 자살한 거, 바깥에 말하지 말랬어요. 그냥 쉬쉬하며 넘어가자는 건데, 이건 아니잖아요? 어제까지 함께 공부하던 친구가 스스로 목숨을 끊었는데 슬퍼하지도, 아파하지도 말고 공부만 해라? 내가 자살해도 똑같겠죠. 학생 가르치는 학교가 이래도 돼요?

아랫입술을 깨물고 눈물을 훔친 그 학생은 친구가 화장터에서 한 줌의 재로 변하던 4월 17일에도 똑같이 야간 자율 학습을 했던 자신과 학교에 모두 배신감을 토로했습니다.

그렇습니다. '죽은 학교'라는 말, 결코 과장이 아니지요. '창백한 10대' 또한 은유가 아닙니다. 생생한 현실이지요. 한국에서 태어난 새로운 생명이 예외 없이 걸어가야 하는 '고행'입니다.

획일적 경쟁으로 질식하는 상상력

"너 꼭 명문대에 가야 한다."

대다수 학부모가 자녀에게 다그치는 말입니다. 그 '목표'를 위해 서로 경쟁적으로 과외 공부를 시킵니다.

어느새 우리 사회 구성원 대다수가 당연하게 받아들이지만, 그럴수록 더 "왜?"라는 질문이 필요합니다. 왜 부모들은 자녀에게 목돈을 쏟아 부으며 과외를 시키는 걸까요? 자신의 아이가 이른바 '명문 대학'에 들어가길 갈망해서입니다. 무엇 때문일까요? 한국 사회에서 명문 대학을 나와야 사람답게 살 수 있다고 판단하기 때문이지요. 명문 대학 출신이 아니면 평생 불안정한 직장에서 일하거나 가난하게 살고, 심지어 생계가 곤란해지기 십상인 '학벌 공화국'이 대한민국이니까요.

경쟁 중심의 학교 교육. 그것은 경쟁 중심의 대한민국과 고스란히 닮은꼴입니다. 어떤가요? 교육 제도와 관련법을 바꿀 제도 정치권은 경쟁 중심의 교육을 강조하는 쪽이 다수입니다.

획일적 경쟁 중심의 교육을 근본적으로 바꾸자는 정치 세력은 국회에서 절대 소수에 지나지 않습니다. 그러니 교육 현실을 바꿀 제도 변화와 그를 위한 입법이 이뤄지지 않지요.

경쟁 중심의 교육을 고집하고 더 나아가 강화하려는 정치 세력—이명박 정권이 대표적인 보기이지요—의 명분은 나름대로 선명합니다. 국가별 경쟁력이 중요한 세계화 시대에 유능한 인재를 양성해 내지 않으면 점점 뒤떨어진다는 주장이지요.

어떻게 생각하나요? 전혀 엉뚱한 이야기는 아닙니다. 한국 사회의 높은 교육열이 양질의 노동력을 보장해 줌으로써 한국 경제가 급성장하는 데 주된 동력이 된 것도 사실이니까요.

그러나 시대가 완연히 바뀌었습니다. 물론 경쟁을 무조건 비판하거나 경쟁이 전혀 없는 사회를 만들자는 논리는 망상에 지나지 않겠지요. 경쟁이 전혀 없다면 삶이 얼마나 단조롭겠습니까?

문제는 우리 교육이 강조하는 경쟁이 일차원적이고 획일적 경쟁이라는 데 있습니다. 다양한 재능을 지닌 10대 청소년에게 모든 잣대가 대학 입시를 중심으로 한 성적이기 때문입니다.

예를 들어 볼까요? 10대 가운데 모국어 구사력이나 시적 재능이 대단히 빼어난 학생이 있다고 가정합시다. 그는 과연 시인의 길을 순탄하게 걸어갈 수 있을까요? 아마 일차적으로 만날 장벽은 부모일 가능성이 높지요. 완강하게 반대하거나 좀 더 교묘하게 설득해 시인의 길을 포기하게 만들 부모가 거의 다가 아 닐까요? 왜 그럴까요? 시인으로 밥을 먹고 살아가기 힘든 곳이 한국 사회이기 때문이지요. 부모의 반대를 이겨 낸다 하더라도 더 큰 문제가 있습니다. 국문학과에 들어가 시를 깊이 공부하려 면 영어와 수학을 잘해야 합니다. 물론 전국 단위 글짓기 대회 에서 장원을 할 때 특별 전형도 가능하지만 그것은 예외적 소수 에 지나지 않습니다.

영어·수학 중심의 획일적 경쟁으로 모든 청소년의 '천부적 재능'을 줄 세우는 경쟁, 그 경쟁의 서열이 평생을 좌우하도록 만들어 놓은 '학벌 경쟁', 과연 그것이 제대로 된 경쟁일까요?

20세기 후반, 인터넷으로 상징되는 정보 기술 혁명으로 사 회 구성원의 다양한 창조성이 경제 발전, 좁게는 기업 성장의 동력이 되는 시대가 열리고 있습니다. 획일적이고 암기 중심의 경쟁으로 청소년을 옭아매는 지금의 교육 체계는 한국의 국가 경쟁력을 위해서라도 하루빨리 벗어나야 할 악폐입니다.

경제협력개발기구가 발표한 '학업 성취도 국제 학력 평가' (PISA)에서 세계 최고 학력 수준을 보인 나라가 핀란드라는 사실 은 우리에게 많은 것을 시사해 줍니다. 핀란드에서 중등 교육을 받는 모든 10대는 늦어도 오후 3시면 학교 수업을 마칩니다. 0 교시 수업이나 야간 자율 학습은 핀란드에선 상상할 수 없는 '야만'에 지나지 않습니다.

획일적 경쟁은 시간이 갈수록 창조력을 질식시킬 수밖에 없 지요. 오늘 학교는 10대를 육체는 물론 정신적 자살로 이끌어 가고 있다고 해도 결코 과장이 아닐 것입니다.

21세기 핵심어 : 자기 주도 학습

죽은 학교, 학교의 죽음을 진단한 우리에게 오늘의 학교 교육은 무엇일까요? 무의미하다고 판단해야 옳을까요? 아닙니다. 그것은 논리의 비약입니다. 현실과도 맞지 않지요. 비록 대학 입시 중심으로 뒤틀려 있다고 하더라도, 창백한 10대를 양산한다고 하더라도, 학교 정규 과정을 꼼꼼하게 살펴보면 청소년이 꼭 배워야 할 내용이 풍부하게 담겨 있습니다. 새삼 '자기 주도 학습'을 강조하는 이유입니다.

대다수 10대가 자기 주도 학습이란 말을 학교나 학원에서 귀가 따갑도록 들어 왔을 터입니다. 그럼에도 이 문제를 제기하는 이유는 단순합니다. 야간 자율 학습의 '자율'이 자율이 아닌 게 현실이기 때문이지요. 자기 주도 학습의 의미를 진지하게 들여다볼 필요가 있기 때문입니다.

더러는 기껏 제안하는 게 자기 주도 학습이냐고 반문할지도 모르겠어요. 하지만 10대 청소년이 마주친 현실, 피할 수 없는 학교 현장에서 이야기를 풀어 가고 싶습니다. 학교를 에둘러 가지 않는 이유이지요.

먼저 자기 주도 학습(self-directed learning)의 명확한 개념부터 정의하고 논의를 이어 가죠. 알다시피 자기 주도 학습은 '학습자가 주체가 된 학습'을 이릅니다. 교사 주도 학습과 대비되는 말인데요. 학습자의 자기 주도성과 자기 관리가 무엇보다 관건이지요.

자기 주도 학습이 중요한 이유는 20세기 후반의 정보과학기술 혁명과 그에 따라 변화하는 시대적 흐름에서 찾을 수 있습니다. 21세기에는 개개인의 창조적 노동이 경제 발전의 원동력이 되는 시대가 펼쳐질 게 불을 보듯 명백하니까요. 그 전망은 보수와 진보를 떠나 어느 연구 단체나 공유하고 있습니다.

가령 전국경제인연합회(전경련)나 한국경영자총협회(경총)는 미국에서 제시한 '지식 기반 경제'를 적극 홍보 하고 있습니다. 세계적 부호인 마이크로소프트의 빌 게이츠 회장은 더 나아가 '창조적 자본주의'(creative capitalism) 시대를 준비하라고 주장했지요. 사단법인 새로운 사회를 여는 연구원(새사연, http://www.saesayon.org)은 지식 기반 경제의 흐름을 파악하면서 엘리트 중심의 창조가 아니라 보편적 노동의 창조를 강조한 '노동 중심 경제'를 제시하고 있습니다. 방점을 찍는 건 서로 다르지만 21세기의 핵심어가 '창조'인 데는 일치하고 있지요.

대학 입시가 발등의 불로 떨어진 엄연한 현실을 외면하고 한가한 논리를 펼치자는 게 아닙니다. 차분히 짚어 봅시다. 대다수 어른이 초중등 교육을 오로지 대학에 들어가는 '통과 의례' 정도로 여겼습니다. 좀 더 노골적으로 말하면, '대학 시험용'이었지요. 지금 청소년들도 마찬가지입니다. 단편적 지식을 무조건 암기하는 방식으로 학교 공부를 하는 10대가 대부분이지요. 그 결과는 무엇일까요? 당연히 공부하기 싫게 되지요. 창조적인 사람이라면 누구나 단순 암기엔 마음과 몸으로 '저항'하기 마련이니까요.

여기서 발상의 전환이 절실합니다. 초중고등학교에서 배우는 교과목은 결코 대학 입시를 위해 암기만 해야 할 수업이 아닙니다. 학교에서 배우는 과목의 대다수 내용은 앞으로 청소년이 살아가는 데 쓸모 있는 지식입니다. 단순히 유용성만 있는 게 아니지요. 교과서에는 청소년 개개인을 슬기롭게 해 주는 내

21세기의 핵심은 창조적 노동이다. '노동 중심 경제'를 제시하는
새사연('새로운 사회를 여는 연구원')과 창조적 자본주의를 말하는 빌 게이츠 마이크로소프트 회장.

용이 적잖게 담겨 있습니다.

　구체적으로 예를 들어 봅시다. 살아가는 어느 순간에 저 광대한 우주와 생명의 신비 앞에서 문득 가슴이 먹먹해질 때가 있을 터입니다. 그 신비에 다가갈 수 있는 길이 교과목에 있지 않습니까? 지구과학과 물리, 화학, 생물 교과서는 우주와 사람의 진실을 오랜 세월 탐색해 온 인류가 지금까지 도달한 지식의 고갱이를 간추려서 들려줍니다. 그것을 온전히 배울 때, 우리는 우주 속에서 사람의 길을 이해하는 데 눈뜰 수 있지요.

　윤리, 세계사, 국사, 한국 근·현대사, 정치, 경제, 사회문화, 지리, 법과 사회, 윤리, 철학은 우리가 역사와 사회의 진실을 이해하고 그 속에서 어떻게 살아가야 하는지 성찰하게 해 줍니다. 음악과 미술은 사람의 삶에 소중하고 아름다운 예술 감각을, 체육은 우리 몸의 건강과 운동 능력을 키워 줍니다. 컴퓨터와 기술, 가정은 생활하는 데 꼭 도움이 될 지식입니다.

　영어와 제2외국어도 입시를 위해 공부할 과목으로만 생각하기보다 '세계화' 시대를 살아갈 청소년이 앞으로 지구를 무대로 활동하는 데 갖춰야 할 '무기'로 여기면 어떨까요? 인터넷이 더 보편화될 21세기에 영어를 익혀 두면 개개인이 활동할 수 있는 영역은 그만큼 더 넓어질 수 있습니다.

　본디 수학도 지루한 수치 계산이 아닙니다. 수학 문제를 풀어 가며 우리는 자신의 사고에 논리적 비약이 없도록 스스로 훈련할 수 있습니다. 국어는 주체적으로 생각하고 그 생각을 표현하는 데 꼭 필요한 과목이지요. 옛날 사람들이 자신의 무르익은 생각을 어떻게 글로 표현했는지는 인터넷 시대에 글을 쓰며 살아갈 현대인에게 더할 나위 없이 귀한 공부입니다.

자기 주도 학습의 '제1장 제1과'는 단연 발상의 전환입니다. 물론, 발상을 전환한다고 해서 오늘의 학교 현실에 비추어 그게 가능한가라는 항변도 얼마든지 있을 수 있습니다. 학생들이 학교에서 배우는 교과목을 진실의 탐색으로 받아들이고 대학 입시용을 떠나 그 자체로 공부하려면, 여러 가지 조건이 갖추어져야 합니다. 학생 스스로 발상만 전환한다고 해서 이뤄지는 게 결코 아니지요. 가령 교육 당국이 죽은 학교를 살려 내려는 정책을 마련해서 집행하고, 교사들이 가르치는 내용도 더 깊이가 있어야겠지요.

하지만 그렇다고 해서 손 놓고 교육 정책이 바뀌기만 기다리거나, 교사의 수업 방법과 내용이 변화하기만 고대하며 자신은 가만히 있을 수 없는 일입니다.

비록 학교가 대학 입시 중심, 또는 단편적 지식의 암기 중심으로 획일적 경쟁만을 강요하더라도, 청소년 스스로 그 차원을 넘어선 발상의 전환과 주체적 학습 의지를 꿋꿋이 세우는 게 중요합니다. 다행스럽게도 죽은 학교를 살리려는 움직임이 학교 안팎에서 꾸준히 이어지고 있습니다. 가령 학교 안에서 참교육을 실천하려는 교사들의 활동이 지며리 늘어나고 있지요. 참교육으로 교사와 학생이 만날 때, 바로 그곳이 죽은 학교가 살아날 희망의 땅 아닐까요?

더러는 자기 주도 학습이나 참교육이 희망이라는 말에 회의를 느끼거나 반대할 수도 있습니다. 사뭇 진지하게 대학 입시라는 '발등의 불'부터 꺼야 한다는 반론이 얼마든지 있을 수 있으니까요.

하지만 저는 그렇게 생각하지 않아요. 청소년이 스스로 우주와 역사, 사회와 인간의 진실을 탐색하겠다는 새로운 틀로 공부를 할 때, 그 발상의 전환은 학교 수업을 적어도 과거보다는 즐거운 시간으로 만들어 줄 수 있습니다. 그때 학업 성취도 또한 전반적으로 높아질 게 분명합니다.

독창적 물리학자로 서울대학교에서 정년퇴임한 장회익은 "내가 지금까지 시험에서 좋은 결과를 얻은 것은 결코 시험 준비를 철저히 해서 그런 게 아니다. 오히려 시험과 관계없이 공부했기에 내 나름의 능력을 기를 수 있었고, 이렇게 길러진 능력이 시험에서도 효과를 발휘한 것뿐"이라고 회고했어요.

앞서 언급한 핀란드의 청소년 대다수가 학교 공부가 즐겁다고 응답한 사실도 많은 것을 시사해 줍니다. 무엇보다 뜻있는 성과는 열악한 조건일망정 자신의 창조력과 상상력을 다채롭게 키워 가는 데 있겠지요.

자기 주도 학습의 중요성은 학교만의 문제에 그치지 않습니다. 현대 교육학 이론이 중시하고, 실제 유럽의 여러 나라에서 제도화하고 있는 평생 교육 체계의 고갱이도 자기 주도 학습입니다. 꼭 교육학의 문제라 할 필요도 없습니다. 우리가 이미 살펴보았듯이 삶을 자기 창조, 자아실현의 과정으로 볼 때, 삶 자체가 크게 보면 학교이기 때문이지요.

우리 인간은 삶이라는 학교에서 모두 학생입니다. 그 학교에서 자기 주도 학습을 몸에 익힌 사람과 그렇지 않은 사람은 10대 시절의 학교생활만이 아니라 평생을 다른 길로 걷게 됩니다. '창조'라는 21세기의 시대정신에 비춰 보면 더욱 그렇습니다.

인터넷 시대의 빛과 그림자

인터넷. 20세기 말에 보편화하기 시작해 어느새 우리 삶의 필수품이 되었지요. 인터넷은 이미 우리 삶의 양식을 근본적으로 바꿔 가고 있습니다.

무엇보다 민주주의의 새로운 지평을 열어 가고 있지요. 신문이나 텔레비전과 달리 일방적으로 정보를 전달하는 대중매체가 아니기 때문입니다. 인터넷은 자기 주도 학습에도 중요한 조건이지요.

정보 생산자와 정보 소비자 사이에 건널 수 없는 심연이 있고, 소수의 생산자가 절대 다수의 소비자에게 일방적으로 전달하는 방식이 대중매체입니다. 하지만 인터넷은 오랜 세월 정보를 받아 소비만 해 온 사람이 정보를 직접 생산하고 유통할 수 있는 혁명적 전환을 일궈 냈습니다.

게다가 인터넷은 현실 공간과 다른 공간, 이른바 사이버 공간을 만들어 냈지요. 그 공간은 국경의 제한이 없습니다. 국경을 실시간으로 자유롭게 넘나들 수 있지요. 정보의 제한도 없습니다. 무엇이든 찾을 수 있는 무한한 정보 바다가 열렸습니다. 많은 사람이 참여해 새로운 지식을 창조하는 '집단 지성'도 출현했지요. 인터넷이 인류가 겪어 보지 못한 새로운 문명을 탄생시킬 원동력이라는 진단까지 나왔습니다. 가히 인터넷 혁명이라 할 만하죠.

모든 사람이 글을 쓰고 그것을 널리 알릴 수 있는 시대, 그것은 분명 민주주의의 질적 성숙을 예고하는 일입니다. 2008년 5월의 촛불 문화제에서 인터넷은 여론 형성력을 또렷이 입증해 주었습니다.

하지만 인터넷이 진정 새로운 시대를 열어 가려면 해결해야 할 과제가 있습니다. 인터넷의 힘이 커지면서 그림자도 짙게 드리우고 있기 때문이지요. 이미 악성 댓글과 유언비어 확산이 사회적 문제로 불거지고 있습니다. 집단 지성의 성과 못지않게 파당적이고 감성적인 쏠림 현상에도 눈 돌려야 합니다. 게다가 사이버 공간이 확장되면서 음란물 홍수나 개인 정보 대량 유출 따위의 '사이버 범죄'가 늘어나고 있습니다.

청소년에게 무엇보다 짙은 '인터넷 그림자'는 상상력의 제한입니다. 더러는 네트워크 게임을 상상력 풍부한 공간이라고 주장하지만, 그 상상력은 기껏해야 자신만의 '캐릭터'로 즐기는 모험이나 가상의 테러 집단과 펼치는 대결에 그칩니다. 상상력이 풍요롭기는커녕 꿈틀거리는 상상력을 일차원의 세계에 가두는 일이지요.

상상력의 제한은 일차적으로 텔레비전 중독 못지않은 인터넷 중독 현상에서 비롯됩니다. 중학생이나 고등학생보다 초등학생이 인터넷 중독 증세가 더 심각하다는 소사 결과도 있습니다. 날마다 오후 3시가 넘으면 초등학교 주변에 있는 PC방은 어린이들로 넘쳐납니다. 하루도 빠지지 않고 두세 시간 인터넷 게임을 하고, 어쩌다 그것을 못 할 때 기분이 좋지 않다면 이미 중독의 증거이지요.

문제는 그 중독이 중고등학교는 물론 대학까지 짙은 그림자를 드리운다는 데 있습니다. 어른이 된 뒤에는 상상력을 발휘하기 더 어렵게 되겠지요. 결국 한 인간의 내면에 잠재되어 있는 가능성을 인터넷의 틀에 영원히 가두는 셈입니다.

그래서가 아닐까요? 2007년 노벨 문학상을 수상한 영국 작가 도리스 레싱은 수상 연설에서 인터넷이 "모든 세대를 어리석음으로 유혹하고 있다."고 경고했습니다. 88세의 고령이어서 수상식에 참석하지 못하고 보낸 연설문에서 레싱은 "교육을 받은 젊은이와 여성들이 세계에 대해서는 아무것도 모르고, 아무것도 읽지 않으며, 컴퓨터와 같은 것들에 대해서만 아는 일이 일상화됐다."고 개탄했습니다.

물론 레싱은 미래를 비관하지는 않았어요. 레싱은 "좋든 나쁘든 우리를 만들어 주고 지켜 주고 창조하는 것은 우리의 상상력"이라면서, "작가는 우리의 내면 깊숙한 곳에 있다."고 역설했습니다. 그리고 꿈과 상상력을 위해 책을 읽어야 한다는 게 레싱의 권고입니다.

'인터넷 폭포' 아래 책 읽기

인터넷에 오락과 정보가 폭포처럼 쏟아지는 상황에서 조용히 책을 읽으며 상상하고 사색하려면 심지가 굳어야 합니다. 자기 주도 학습, 자기 수련이 그만큼 더 절실하겠지요.

어린 시절 우리가 읽은 책 가운데는 하얀 수염이 땅까지 내려오는 도인 아래 무술을 연마하는 소년 영웅이 등장하는 동화가 있습니다. 아주 혹독한 수련 과정을 거치지요. 스승한테 지팡이로 얻어맞고 구박받기 일쑤입니다. 눈여겨볼 것은 무술 훈련의 모든 과정을 즐겁게 받아들였던 게 아니라는 사실입니다. 스승이 모든 것을 가르쳐 주지도 않지요. 하지만 소년은 어느 순간 스스로 열정을 다해 무술을 공부합니다. 세차게 떨어지는 폭포 아래로 자진해서 들어가 온몸으로 폭포를 맞기도 하지요.

물론, 동화적 상상력입니다. 강건한 체력과 강인한 정신을 기르려고 모든 정열을 쏟아 최선을 다했다는 이야기 아니겠어요? 그 결과 어땠던가요? 소년은 마침내 칼로 폭포를 베어 버리는 단계까지 이르잖습니까? 그 다음은 무엇을 하던가요? 산에서 내려가지요. 악의 무리에 맞서 '무림'을 평정하는 일만 남았지요. 세상을 바꾸는 일입니다.

인터넷 폭포 아래 책을 읽으며 자기 주도 학습을 꾸준히 해가는 일 또한 참을성을 요구합니다. 인터넷이 단 한순간도 쉼 없이 거대한 정보와 오락을 쏟아 내고 있기 때문이지요. 오락은 별개로 치더라도, 그 어마어마한 정보 또한 무한정입니다. 하지만 인터넷 정보는 말 그대로 정보에 지나지 않습니다. 게다가 파편화해 있고 진실인지 아닌지도 분명하지 않습니다.

무릇 사람이 살아가는 데 정보는 필요합니다. 하지만 더 중요한 게 있지요. 슬기입니다. 어떤 정보가 유이하고 불량한지, 지금 이 순간 어떤 정보가 필요한지, 숱한 정보 하나하나에 담긴 의미는 무엇인지, 정보와 정보 사이의 연관성은 무엇인지 판단하는 일은 언제나 주체의 몫으로 남아 있습니다. 그 판단력을 키우는 데 가장 좋은 '자기 주도 학습'은 책 읽기입니다. 심지어 『죄와 벌』의 작가 도스토옙스키는 "한 인간의 존재를 결정짓는 것은 그가 읽은 책과 그가 쓴 글이다."라고 말했습니다.

인터넷에서 정보를 얻는 일

도스토옙스키(1821~1881)

과 실제로 책을 읽는 것의 차이를 보기를 들어 살펴보면 쉽사리 알 수 있습니다. 가령 빅토르 위고의 대표작『레 미제라블』을 생각해 봅시다. 인터넷 정보를 통해 우리는 위고의 작품『레 미제라블』의 줄거리를 파악할 수 있습니다.『레 미제라블』에 대한 역사적 평가나 여러 독후감도 만날 수 있지요.

하지만 생각해 보기 바랍니다. 고전이 된 한 작가의 작품을 줄거리만으로 섭취할 수 있다면, 위고가 생의 마지막 순간까지 원고지 수천 장을 쓰지 않았겠지요. 줄거리로는 결코 감동받을 수 없습니다. 그것은 위대한 작품이 우리의 인격을 형성하는 데 아무런 도움이 되지 않는 '정보' 차원으로 전락하는 셈입니다.

다만 문학 작품만이 아니지요. 책은 한 사람이 10년, 20년, 또는 평생에 걸쳐 쌓아 온 경험이나 지식을 다듬어 집약한 창조물입니다. 짧은 시간에 한 사람이 얻은 진실과 결실을 얻어 낼 수 있는 게 책 읽기입니다. 물론, 책조차 쏟아져 나오고 있는 시대이기에 좋은 책을 선별해야겠지요. 좋은 책을 고르는 가장 쉬운 기준은 우리에게 삶의 현실을 새롭게 보여 주거나 상상력을 불러일으키는가에 있습니다.

대학 입시라는 장벽을 앞두고 있는 현실이지만, 좋은 책을 가능한 폭넓게 읽어 보길 권합니다. 사고의 폭과 깊이가 더해질 때, 학교에서 배우는 우주와 역사, 사회에 대한 이해력도 훨씬 높아집니다. 학교 수업에서 발상의 전환도 가능해지지요.

자기 주도 학습이나 책을 읽는 습관은 단순히 그게 옳다는 생각만으로 몸에 밸 수 없습니다. 혹독한 자기 수련의 과정을 거쳐야 합니다. 텔레비전과 인터넷의 유혹을 떨쳐 버리고 책을 읽는 일, 그 자체가 자기 주도 학습이 익는 과정이지요. 냉엄한 자기 훈련으로 무엇인가를 이뤄 갈 때 결실은 그만큼 더 아름답지 않을까요? 폭포 아래 자기를 연마하는 가슴 벅찬 상상을 펼쳐 보기 바랍니다.

　개개인의 자기 주도 학습 없이 인터넷은 결코 새로운 민주주의를 열어 갈 수 없습니다. 거꾸로 자기 주도 학습을 몸에 익힐 때, 인터넷은 민주주의 성숙은 물론 개개인의 자기 창조와 평생 학습에 든든한 무기가 될 수 있습니다.

8

싱그러운 사랑 배우기

삶은
싱그러운
사랑을 배우는
'평생 학교'이지요

일그러진 10대의 성

　성(性). 10대 청소년에게 가장 강렬한 호기심을 자아내는 말이자 실체입니다. 더러는 자신의 내면에서 스멀스멀 올라오는 욕망 때문에 자괴감에 사로잡히기도 합니다. 하지만 결코 괴로움에 잠길 일이 아니지요. 성은 본능에서 비롯한 자연스러운 호기심이고, 그만큼 자신의 몸이 건강하게 성숙해 간다는 징후입니다.

　따지고 보면 청소년만이 아닙니다. 일찍이 공자도 "호색하듯 덕을 좋아하는 이를 보지 못했다."(吾未見好德如好色者)고 개탄했어요. 성에 쏠리는 호기심은 시간이나 공간과 상관없이 인간의 보편적 본능이고, 공자도 예시했을 만큼 강합니다.

　그럼에도 성을 자연스러운 호기심의 문제로만 여길 수 없는

8 — 싱그러운 사랑 배우기

149

시대에 우리는 살고 있습니다. 보십시오. 촛불 문화제로 새로운 청소년 세대가 출현했다는 담론이 힘을 얻던 2008년 5월이었지요. 바로 그 순간에 한국 사회의 한쪽 그늘에선 더없이 어두운 10대의 '속살'이 드러났습니다.

우리나라의 유서 깊은 한 도시에서 일어난 초등학교 성폭력 사건이 그것이지요. 문제가 된 초등학교에서 최근 2년간 상습적으로 집단 성폭력이 자행돼 온 사실이 밝혀졌어요. 여기까지가 언론에 드러난 사실입니다. 하지만 일선 초등학교 교사들 말에 따르면, 정도의 차이가 있을 뿐 그 도시나 그 학교만의 문제가 아니라고 합니다. 그와 비슷한 범죄들이 조금씩 늘어나고 있는 게 현실입니다.

무엇이 순진한 어린이들을 흉악한 범죄로 내몰았을까요? 여러 원인이 있겠지만 범죄인 줄도 모르고 범죄를 저지른 어린이들이 꼽은 이유는 인터넷입니다. 경찰 조사를 받은 어린이들은 인터넷에서 '포르노'를 보고 아무런 죄의식 없이 놀이하듯 따라 했다고 말했는데요. 상습적으로 성폭력을 저지른 어린이들은 주로 초등학교 5~6학년이었습니다.

어린이답지 않은 그 어린이들의 범죄를 개탄하기 전에 우리 시대를 되돌아보아야겠지요. 초등학교 어린이조차 쉽게 접할 수 있을 정도로 음란물이 폭포처럼 쏟아지고 있기 때문입니다. 제가 만난 초등학교 교사가 고학년 가운데 포르노 동영상을 한 번도 보지 않은 어린이는 사실상 없다고 토로할 땐 슬픔이 묻어났습니다. 특히 맞벌이 부부, 더구나 노동 시간이 길거나 야근을 많이 하는 부모를 둔 아이들은 텅 빈 집에서 인터넷 동영상에 빠져드는 시간이 더 많다고 하지요.

물론 대다수 청소년은 지금도 아름다운 사랑의 꿈을 키워 가고 있을 터입니다. 하지만 그렇다고 해서 이런 성 범죄를 아주 특수한 경우라고 보아서는 안 됩니다. 초등학교만의 문제는 더욱 아니지요. 다른 도시에서도 충격적인 성 범죄가 저질러졌습니다.

10대의 성이 일그러진 풍경은 오늘의 문제만은 아닙니다. 인터넷이 등장하지 않았던 시대, 곧 기성세대가 청소년이던 시절에도 흔히 '빨간 책'이라고 이르던 조야한 책자가 학교에서 학생들 사이에 돌아다녔습니다. 도색 화보도 학교 앞 어딘가에서 은밀하게 판매했고, 그것을 구입해 마치 선심 쓰듯 보여 주는 급우 주변에는 쉬는 시간마다 아이들이 들끓었지요.

그렇습니다. 포르노에 끌리거나 성에 강렬한 호기심이 일어나는 것 자체를 마치 죄지은 것처럼 자책할 이유는 결코 없습니다. 다만 과거와 달리 텔레비전의 선정적 화면은 물론, 인터넷을 타고 음란 동영상들이 독버섯처럼 퍼져 가고 있는 현상은 반드시 성찰할 대목입니다. 오죽하면 마돈나가 "TV는 독"이라고 했겠습니까?

10대 청소년 가운데 인터넷과 심야 TV의 음란물을 더는 보지 않겠다거나 공부에만 전념하겠다고 다짐한 친구들도 많을 법합니다. 하지만 어떻던가요? 실패하기 일쑤이지요. 뜻대로 되지 않으니 스스로에게 실망하거나 자기 모멸감에 사로잡히기도 합니다. 음란물을 보지 않으려고 애쓰는 과정에서 심리적 허탈감도 생기겠지요. 결국 성을 혐오하거나 성을 추하게 여기게 되는 것도 바로 그 때문입니다. 영상에 나타나는 모습도 그러하거니와, 그 영상의 유혹을 스스로 이겨 내지 못하는 자신이 혐오스러워지는 게지요.

그래서입니다. 학교에서 성 교육이 늘어나고 있는 것은 일단 환영할 일입니다. 다만 형식적이거나 따분한 교육을 넘어서야겠지요.

성 교육이란 걸 전혀 받지 못한 기성세대 가운데 적잖은 사람이 성에 대한 뒤틀린 인식에 사로잡혀 있습니다. '빨간 책'이나 선정적 주간지로 성에 눈뜨게 된 세대의 한계이지요. 기성세대 한켠에서 '원조 교제'나 '성 매매'에 빠져드는 사람이 끊이지 않는 이유도, 성을 상대에 대한 배려 없이 자신의 욕망을 충족하는 수단으로만 생각하는 데서 비롯됩니다.

오늘의 10대가 부닥친 상황은 더 심각합니다. 성 교육 확대만으로 문제를 풀 단계를 넘어섰기 때문이지요. 과거 수공업 생산에 그쳤던 음란물이 인터넷과 텔레비전을 통해 널리 퍼져 있기 때문입니다. 음란 영상물의 유혹을 10대 청소년이 이겨 내기란 쉽지 않습니다. 더구나 획일적 경쟁 중심의 학교에서 벗어나고 싶은 학생에게 음란물을 보는 시간과 공간은 일종의 '탈출구' 구실도 하고 있는 게 사실입니다.

인터넷이 더 보편화하고 더 상업화해 갈 때 가장 걱정스러운 것은 청소년이 성에 아름다운 인식을 갖는 게 원천적으로 뒤틀릴 수 있다는 사실입니다. 성의 상품화와 산업화가 사람의 가장 자연스럽고 사사로운 영역까지 깊숙이 침범하고 있는 현실은 말 그대로 재앙입니다.

아름다운 성과 사랑

성이 이렇게 곳곳에서 범람하고 있지만 어떤가요? 공개적으로 성에 대한 이야기를 할라치면 머뭇거리거나 금기시하는 게 우리의 낡은 성 문화입니다. 그러다 보니 성 이야기는 익명이 보장되는 공간이나 친구 사이에서 질펀한 음담패설로 제한되고 있습니다. 음담패설은 듣는 이의 웃음을 자아내지만, 실제로는 마음을 더없이 허허롭게 만들지요. 난삽한 음담패설은 일그러진 성 관념을 더욱 뿌리박게 할 뿐입니다. 싱그러운 성의 본성을 되찾는 호기심이 절실한 까닭입니다.

물론, 싱그러운 성이라는 말로 '도덕군자' 같은 훈계 따위를 늘어놓을 생각은 전혀 없습니다. 위선이니까요. 하지만 곰곰 생각해 보아야 할 문제는 있습니다.

무엇보다 인터넷 동영상으로 처음 성을 만나고 그에 익숙한

보티첼리, 〈비너스의 탄생〉, 1485년

오늘의 10대 청소년은 불행한 세대입니다. 성과 사랑을 오직 성기의 차원으로만 인식하기 십상이지요. 이성의 몸조차 더는 신비롭지 않습니다. 산드로 보티첼리의 〈비너스의 탄생〉과 인터넷의 음란물 동영상을 비교해 보기 바랍니다. 인터넷 동영상은 모든 게 샅샅이 드러나 있지요. 몸과 성은 성기로 국한되고, 성기는 상품화되어 가는 게 현실입니다. 상상력이 들어설 공간이 없지요.

그래서입니다. 여기서 다시 "누가 왜?"라고 물어보아야 합니다. 누가 왜 포르노를 만들고 있는 걸까요? 답은 분명합니다. 온갖 수식과 논리로 자신을 미화하거나 정당화하고 있지만 가장 원천적 이유는 돈을 챙기기 위해서입니다. '원조 교제'를 비롯한 '성 매매'에도 그 밑절미에는 돈이 깔려 있습니다. 자본주의 사회에서 성은 점점 더 상품으로 전락해 가고 있습니다. 더 많이 '유통'해야 더 많은 돈을 끌어들일 수 있기 때문에, 성이 바로 쾌락이라는 논리가 어느새 진실처럼 통용되고 있습니다.

물론 성은 쾌락을 가져다줍니다. 하지만 그 전에 더 중요한 게 있습니다. 무엇보다 성은 신성합니다. 뜬금없는 소리가 결코 아닙니다. 인류는 오랜 세월에 걸쳐 성을 신성하게 인식해 왔습니다. 저 원시 시대 암각화에서부터 현대 예술에 이르기까지 인류의 발자취에서 또렷하게 드러납니다. 아니, 예술의 차원만이 아니지요. 실생활에서도 성은 신성했습니다.

가령 우리 관동·관북 지역에서는 예로부터 '나경'(裸耕)이 있었습니다. 말뜻 그대로 벌거벗고 경작한다는 뜻입니다. 정월 대보름날 치러진 민속 가운데 하나였지요. 마을의 건장한 숫총각이 벌거숭이로 밭을 갈며 풍년을 비는 민속입니다. 땅은 풍요

농경문청동의기

의 여신이고, 남성의 성기는 쟁기를 상징합니다. 곡물을 길러 내는 토지에 남자의 성기를 노출시킴으로써 새해에 풍년이 들 기를 경건하게 비는 일이지요. 실제로 충청도에서 발견된 청동 기 시대의 유물 '농경문청동의기'(農耕紋靑銅儀器)에는 벌거벗은 몸에 성기를 드러내 놓고 밭에서 일하는 농부의 모습이 새겨져 있습니다.

　이러한 것이 우리만의 민속은 아니지요. 아메리칸 인디언과 인도네시아나 오스트레일리아의 원주민들은 봄에 씨를 뿌리고 그 씨앗에서 초록빛 싹이 올라올 때 부부가 밭에 나가 사랑을 나누었습니다. 그들의 사랑 자체가 곡물의 성장과 풍작의 원동 력이 된다고 본 게지요.

　어떤가요? 곡물의 새싹이 검은 땅을 연초록으로 물들여 갈 때 풍작을 꿈꾸며 그곳에 누워 사랑을 나누는 모습, 아름다운 풍경이 그림처럼 떠오르지 않습니까? 신성한 노동과 어울린 성스러운 성의 모습이지요. 인터넷 동영상이나 포르노 따위의 역겨운 살풍경과 전혀 다른 정경이지요.

여러 나라의 민속에서 확인되듯이 성은 생명을 창조할 수 있는 원천이었기에 신성시되었고 생산의 상징이었습니다. 성이 성스러운 이유는 무엇보다 새로운 사람이 출생하는 뿌리이기 때문입니다. 바로 우리 모두가 싱그러운 성애의 열매입니다. 마찬가지로 우리의 성과 사랑 또한 새로운 생명을 잉태하고 창조해 낼 원천이지요. 성이 더없이 신성하고 무엇보다 소중한 까닭입니다.

무릇 두 사람이 만나 새로운 사람을 창조하는 일은 얼마나 신비로운가요? 얼마나 가슴 벅차고 설레는 일입니까? 그 새로운 사람인 우리 개개인이 세상에 존재하는 데에는 젊은 두 사람의 만남과 사귐이 있었습니다.

사랑의 고갱이는 사랑이 다른 사람, 곧 타인을 전제한다는데 있습니다. 한 인간이 자신과 다른 사람을 만나 사랑의 감정을 느낄 때 우리는 비약적으로 성숙합니다. 처음으로 자신이 아닌 다른 사람의 자유와 만난다는 사실을 절감하기 때문입니다. 사랑이 언제나 자기 뜻대로 이뤄지는 것은 아니기에 더욱 그렇지요. 때로는 바닥 모를 심연으로 떨어지는 실연의 아픔을 겪기도 합니다.

포르노나 인터넷 동영상이 혐오스러운 느낌을 주거나 그것이 청소년에게 악영향을 끼치는 이유는 그 안에 타인에 대한 배려와 사랑이 담겨 있지 않기 때문입니다. 동물적 교합의 수준으로 사람을 전락시키길 서슴지 않지요.

앞서 언급한 초등학생들은 인터넷으로 포르노를 보고 아무 죄의식 없이 모방하는 범죄를 저질렀습니다. 포르노가 위험한 까닭이지요. 인터넷 동영상에 빠져들 때, 우리의 신성한 성과 사랑이 스스로 의식하지 못한 채 포르노 차원으로 전락해 갈 우려는 없을까요?

우리는 앞서 사람들이 왜 포르노를 만드는지 살펴보았습니다. 자본주의 사회에서 쉽게 많은 돈을 벌 수 있는 수단이기 때문이지요. 여기서 그치지 말고 한 걸음 더 내디뎌 볼까요? 그렇다면 왜 국민을 대표해 권력의 자리에 올라 있는 사람들은 자본이 음란물을 마구 만들어 내는 걸 모르쇠할까요?

권력을 쥔 사람들과 자본이라는 경제 권력이 서로 연결되어 있는 사실을 먼저 꼽을 수 있겠지요. 그 못지않게 중요한 게 또 있습니다. 나중에 더 상세히 살펴보겠지만, 국민이 정치나 경제 문제에 무관심하기를 그들이 바라기 때문입니다. 국민들이 정치에 관심을 기울여 정치의식이 높아지면, 소수 특권 세력을 위한 정치를 지속할 수 없기 때문이지요. 대다수 국민이 광장 아닌 자신만의 '골방'에서 자극적인 음란물에 몰입할 때 정치에 무관심하게 되고, 그때 권력은 국민의 눈치를 살필 필요 없이 이미 부와 권력을 지닌 소수의 이익을 아무 방해 없이 순조롭게 추구해 갈 수 있겠지요.

사정이 그러함에도 더러 '사랑이 없는 성교'를 긍정하고 예찬하는 사람들이 있습니다. 어떤 형태로든 자신의 욕망을 좇아 충족시키는 게 정직한 태도라는 극단적 주장도 나오지요.

물론 원조 교제나 성 매매와 달리 사랑이 없는 성애가 불법은 아닙니다. 반드시 사랑이 있어야 성애를 즐길 수 있다고 엄숙하게 규정지을 생각도 없습니다. 얼마든지 누구나 자유롭게 자신의 생활 방식을 선택할 수 있으니까요. 다만 진지하게 건네고 싶은 물음이 있습니다. 과연 사랑 없는 성애가 아름다울 수 있을까요?

인류의 역사는 애틋하고 진지한 사랑을 꽃피운 수많은 사람들의 진실을 담아 왔습니다. 그 사랑을 위해 더러는 하나뿐인 자신의 목숨마저 바치기를 주저하지 않았지요. 『춘향전』이나 『로미오와 줄리엣』이 생생한 보기이듯이, 오랜 세월에 걸쳐 민중의 사랑을 받는 작품은 참다운 사랑을 담은 이야기입니다.

반드시 '일부일처제'를 지켜야 한다고 주장할 생각은 없습니다. 다만 자신 밖의 새로운 사람을 만나 깊이 나눌 성숙한 사랑을 위하여, 또는 사랑하는 사람과 새로운 사람을 창조해 내는 사랑을 위하여, 오늘 자신의 순수성을 갈무리하는 일은 결코 고리타분한 관습도 낡은 도덕률도 아니라는 것입니다. 그 과정 자체가 아름다운 사랑을 준비하는 일이 아닐까요?

그리고 하나 더 가슴에 새겨 둘 일은 '성 차별' 문제입니다. 여성의 권리가 많이 나아졌다고 합니다만 아직도 불평등은 곳곳에 남아 있지요. 남성은 바깥일, 여성은 집안일이라는 등식은 깨진 지 오래입니다. 하지만 어린 시절 '남존 여비'의 문화에서 자라난 기성세대가 살아가는 일상생활에서 성 차별은 뿌리 깊습니다.

다행스럽게도 젊은 세대에선 성 차별을 넘어서려는 의지가 확연하게 나타나고 있습니다. 그런 모습에서도, 비록 더딜지 모르지만 역사가 쉼 없이 앞으로 나아간다는 믿음을 확인할 수 있지요. 다만, 젊은 세대 또한 기성세대 속에서 사회화되어 왔기에 자신에게도 혹시 성 차별의 흔적은 없는지 돌아볼 필요는 있습니다. 자기 성찰은 언제 어디서나 미덕이니까요.

뿌리부터 나눔의 존재, 사람

사랑의 대전제는 상대에 대한 배려입니다. 사랑하는 사람을 소유하려 할 때, 어떻게 될까요? 사랑은 무덤이 되기 십상이지요. 마음은 물론 몸도 누가 소유하려거나 소유할 수 있는 사물이 아닙니다. 결혼의 자유 못지않게 이혼의 자유를 보장하는 까닭이지요.

다른 사람과 사랑을 나누며 우리의 삶은 더 풍부해지고 인격은 더욱 성숙해집니다. 물론 우리는 살아가면서 이성만 만나는 게 아니지요. 하나뿐인 자신과 같은 시대를 살아가는 수많은 '나'가 있습니다. 현재 지구에는 60억이 넘는 남녀노소의 사람들이 나와 더불어 숨 쉬고 있습니다. 60억 한 사람 한 사람이 모두 저마다 자신의 우주를 지니고 있을 만큼 절대적 존재이지요.

사실 기나긴 인류 역사 가운데 우리와 같은 시대를 살아간다는 것만으로도 그 사람은 반가운 존재입니다. '옷깃만 스쳐도 인연'이란 말은 과학적 분석이지요. 실제로 같은 시대를 살아가는 사람들은 알게 모르게 우리의 삶과 직접 관련되어 있습니다. 우리가 잘 알고 있는 '나비 효과'와 같은 이치입니다. 브라질에 있는 나비의 날갯짓이 미국 텍사스에 토네이도를 일으킬 수도 있다는 이론이지요.

특히 20세기 후반의 정보과학 기술 혁명으로 우리 모두는 서로가 서로에게 직간접적으로 영향을 끼치고 있습니다. 사회화 과정 자체가 그렇듯이 우리가 자기 창조, 자아실현의 길을 걸어갈 때도 마찬가지입니다.

거듭 강조하지만 사람은 나 홀로 존재하는 게 아니지요. 원천적으로 개개인의 생명 자체가 서로 다른 두 사람이 만나 사랑을 나눈 열매이니까요. 사람이란 뿌리부터 나눔의 존재입니다. 사람은 갓 태어났을 때, 혼자 힘으로 일어서지도 걷지도 못하지요. 누구나 여성의 몸에서 아홉 달 동안 살다가 세상으로 나옵니다. 새로 태어난 아이가 살아갈 특정 사회는 그를 낳은 여성과 남성을 비롯한 동시대 사람들과 앞선 세대들의 기나긴 역사적 축적물 위에 서 있습니다. 역사라는 지층이 켜켜이 쌓인 사회라는 지반 위에서 우리 개개인은 삶이라는 집을 건축해 가는 셈이지요. 역사와 사회로부터 온전히 자유로운 사람은 존재 자체가 있을 수 없습니다.

물론, 어떤 개인이 역사와 사회를 떠나 사람들과 관계를 끊은 상태로 자신이 실존하는 의미를 집중해서 물을 수는 있겠지요. 하지만 그런 선택을 할 때 잊어서는 안 될 전제가 있습니다. 물음을 던지는 주체로서 자신은 역사와 사회로부터 형성된 존재라는 엄연한 사실이지요.

아무리 깊은 철학적 사색을 하고 높은 지혜를 지녔다고 하더라도 사람이란 자신의 시대적 한계를 벗어나기 어렵습니다. 그 증거는 곳곳에서 발견할 수 있어요. 우리가 앞 장에서 살펴보았지만 아리스토텔레스가 노예 제도를 옹호한 일이라든가, 칸트가 여성을 비하한 사실이 그런 보기이지요. 사람이 시대의 한계를 벗어날 수 없다는 사실을 굳이 강조하는 까닭은, 같은 시대를 살아가는 사람들이 우리와 맺고 있는 인연 때문입니다.

가령 아리스토텔레스의 일상생활은 노예에게, 칸트의 하루하루 삶은 하인에게 의존하고 있었습니다. 물론, 당대의 두 철학자는 자신들이 각각 노예와 하인을 부리고 있기에 그들이 자신에게 의존한다고 생각했겠지요. 과연 그러한가요?

서양 철학자들만의 문제가 아니지요. 온갖 벼슬도 뿌리치고 고향에 도산서당을 지어 그곳에 은둔하며 성(誠)과 경(敬) 같은 유교 원리를 추구한 조선의 위대한 철학자 퇴계 이황를 살펴볼까요? 퇴계 또한 양반 계급의 구성원이었기에 평생 학문을 추구할 수 있었던 게 아닐까요? 먹고 살아가는 일상생활에서 자유로웠던

퇴계 이황(1501~1570)

계급이었던 거지요. 평생을 철학자이자 도인으로 살아간 퇴계는 양반이라는 신분 제도의 불합리성을 전혀 의식하지 못했습니다.

아리스토텔레스와 칸트, 퇴계의 사례가 가르쳐 주는 교훈은 무엇일까요? 우리 자신도 오늘의 삶에서 미처 모르고 있을 누군가에게 빚지며 살아갈 가능성을 성찰하라는 게 아닐까요? 앞서 던졌던 물음을 다시 생각해 봅시다.

"우리가 지금 쓰고 있는 컴퓨터나 책상, 의자, 침대는 물론, 살고 있는 집, 입고 있는 모든 옷, 먹고 있는 모든 음식을 누가 만들었습니까?"

10대라면 대부분 자신이 만든 게 없겠지요. 아직 성인이 아니니까요. 아무튼 사람은 누구라도 완벽하게 자급자족하며 살아갈 수 없습니다. 다른 사람의 일, 곧 노동의 열매를 우리는 서로 나누고 있습니다. 10대 청소년은 학교를 모두 마친 뒤 자신이 선택한 직업을 통해 자신도 다른 사람의 삶에 도움이 되는 일(노동)을 하겠지요.

여기서 우리가 거듭 짚고 가야 할 부분은 우리 모두의 삶이

서로 깊이 연관되어 있다는 진실입니다. 신분 제도를 타파하고 민주주의 사회를 이룰 때 사람들이 내걸었던 깃발이, 인류가 꿈꾸던 세상이, 자유와 평등에 더해 우애였지요.

형제애 또는 자매애

프랑스 혁명 당시 시민들이 내건 '우애'(fraternité)의 본디 뜻은 형제애입니다. 말 그대로입니다. 서로가 서로를 형제처럼 사랑하자는 뜻이지요. 유의할 것은 그 형제애가 시민 혁명을 짓밟으려는 왕족이나 귀족까지 포함하는 '사랑'이 아니었다는 사실입니다. 시민 혁명의 과정에서 민중은 적과 동지를 또렷이 구별하고 있었지요. 에두아르 마네가 1871년에 그린 〈파리 코뮌의 바리케이드〉는 그해 5월 민중이 왕족과 귀족에게 집단 학살 당한 핏빛 진실을 증언해 주고 있습니다.

그래서입니다. 형제애는 그 말이 나올 때부터 민주주의 적과의 싸움을 전제했습니다. 그 뒤 역사적 전개 과정에서도 또렷이 나타나지요. 언제나 형제애는 민주주의를 지상에 올곧게 구현하려는 사람들의 몫이었습니다.

우리말 '우애' 또한 사전에서 뜻이 '형제 사이의 사랑'입니다. '친구 사이의 정분'이란 뜻도 있지요. 모든 사람이 형제처럼 서로 사랑하는 세상은 소수 특권 세력을 제외한 인류 대다수의 오랜 염원이었습니다. 여성 운동 일각에서는 '형제애'라는 말이 남성 중심주의 사고라며 '자매애'로 쓰자고 제안했습니다. 실제로 '자매'라는 말에는 '형제'라는 말에 없는 '같은 계통에 속하고 서로 비슷한 점이 많은 것'이란 뜻이 담겨 있습니다. '자매결연'

마네,
〈파리 코뮌의 바리케이드〉,
1871년

또는 '자매기관' 같은 말이 그런 쓰임새이지요.

형제애를 고집하든 자매애라 부르든, 중요한 것은 우리 모두가 형제자매처럼 살아가는 세상, 곧 우애로운 세상을 인류가 오랜 세월에 걸쳐 꿈꾸어 왔다는 진실입니다. 그 점에서 우애 또한 성애 못지않은 싱그러운 사랑이지요.

무릇 사랑은 쉽지 않습니다. 한 사람을 온전히 사랑하기도 어려운 일임에 틀림없습니다. 입으로는 언제나 사랑을 되뇌면서도 실제 삶에서는 전혀 실천하지 못하는 사람들도 많지요. 사랑을 우리가 배워야 할 이유입니다.

더러는 성과 사랑은 본능인데 굳이 배워야 하느냐고 물을지도 모르겠습니다. 단호히 답하지요. 배워야 합니다. 아니, 그냥 배우는 것만으로는 부족합니다. 정성을 다해 배워야 합니다. 기성세대가 만들어 놓은 세상, 성과 사랑을 상품화한 세상, 더구나 기성세대 대다수도 성에 왜곡된 인식을 지닌 세상, 그 세상에서 자신의 노력과 학습 없이 아름다운 성에 눈뜨기란 결코 쉬운 일이 아니기 때문입니다.

형제애 또는 자매애처럼 같은 시대를 살아가는 사람들을 사랑하기란 더더욱 어려운 일입니다. 사회 구조가 왜곡되거나 뒤틀려 있을 때, 그 구조 속에서 사랑을 바르게 실천하는 길을 찾기란 간단한 문제가 아니지요. 그럼에도 먼저 실천할 수 있는 일은 분명히 있습니다. 같은 시대를 살아가는 사람들의 고통을 모르쇠하지 말아야 합니다. 흔히 추상화가로만 알려진 피카소가 〈한국에서의 대학살〉이란 대작을 그린 이유도 같은 시대 인류의 고통에 눈감을 수 없었기 때문이지요. 전쟁의 야만을 냉엄한 역사의 법정에 고발하고 싶어서였지요. 인류의 고통에 동참

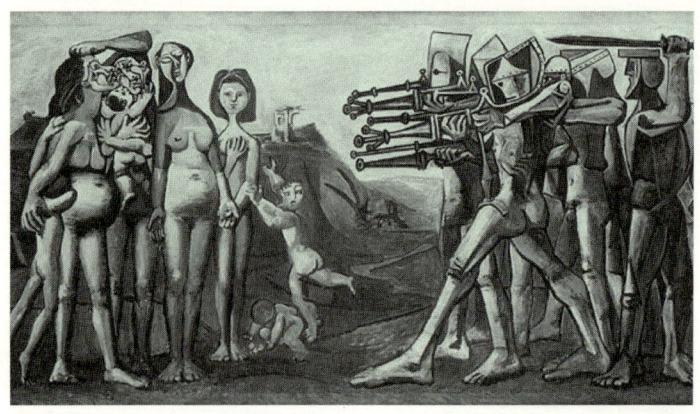

피카소, 〈한국에서의 대학살〉, 1951년

하는 바로 그 정신이 피카소를 피카소이게 한 것이 아닐까요?

직립 혁명의 3단계 사랑

싱그러운 사랑 이야기를 마치기 전에 다시 차가운 현실을 짚어 봅시다. 우리 주변에는 다른 사람과의 우애는 말할 것도 없고 연대조차 완강하게 거부하는 사람들이 있습니다. 아니, 그런 사람들이 더 많아 보이지요.

왜 그럴까요? 왜 그 사람들은 천문학적 재산을 지니고도 기부에 인색할까요? 왜 아파트를 다섯 채, 열 채 넘게 '수집'할까요? 왜 끝없이 재산을 축적만 하고 나누지는 못할까요?

그 사람들만의 잘못은 아니지 싶습니다. 그들 대다수가 집과 학교에서 아주 어렸을 때부터 이기주의 문화 속에 사회화되었기 때문이 아닐까요?

청소년기에 일방적 사회화를 벗어나 자기 발로 서서 사회를 읽는 눈을 지닌다면 다른 삶을 살 수 있겠지요. 10대가 중요한 시절인 이유를 여기서 새삼 확인할 수 있습니다.

21세기 청소년은 사회화 과정에서 경계할 게 더 늘어났습니다. 바로 인터넷 중독이지요. 인터넷 중독은 독서만 앗아 가는 게 아니라 다른 사람과의 관계도 빼앗습니다. 다른 사람과 만나 대화 나누는 방법 아닌 '방법'을, 타인과 어울려 조화롭게 생활하는 방법을 익힐 기회를 놓치게 되지요.

우애와 연대를 꺼리는 사람들. 그들을 잘못된 사회화의 탓으로 돌렸지만, 그렇게 이해하는 것만으로 그칠 수는 없습니다. 그들이 지금 이 순간도 곳곳에서 우리에게 우애와 연대보다 경쟁과 승부욕을 부추기고 있기 때문입니다. 그들이 청소년을 경쟁 중심으로 사회화하고 있기 때문입니다.

획일적 경쟁을 강조하는 사람들을 살펴보면, 그냥 지나치기 어려운 사실을 발견할 수 있습니다. 거의 예외 없이 기득권 세력에 속해 있다는 사실입니다. 자기 자신이 경쟁으로 성공했다고 볼 수도 있겠지요. 하지만 그런 사람은 점점 소수가 되고 있습니다. 부의 세습이 점점 뿌리내리고 있기 때문입니다.

세습으로 물려받거나 확보한 기득권을 토대로 살아가는 사람들에게 경쟁은 무엇일까요? '땅 짚고 헤엄치기'이겠지요. 당장 10대가 다니는 학교에서도 나타나고 있습니다. 얼마나 과외비나 학원비를 많이 내느냐에 따라 성적이 달라지는 현상이 보편화하고 있습니다. 대한민국은 부와 권세의 대물림이 굳어지는 전형적인 자본주의 사회로 굳어 가고 있지요. 지금 잘 먹고 잘 누리며 살고 있는 사람들에게 연대와 우애가 중심이 된 사회란 어떤 느낌으로 다가오겠습니까? 거추장스러울 수밖에 없겠지요. 심지어 자신이 지닌 것을 빼앗기지 않을까 두려워하지요. 적어도 마음자리가 불편할 것은 분명합니다.

기득권 세력은 겉으로는 국가 경쟁력을 강조합니다. 경쟁을 해야 모두 잘살 수 있다고 주장합니다. 하지만 그들이 말하는 '국가'와 '모두'의 실체는 무엇일까요?

객관적 통계가 입증해 주듯이 경쟁 중심의 사회에선 예외 없이 빈부 차이가 커지고 있습니다. 소수는 더 잘살게 되지만 다수는 더 못살게 됩니다.

어떻게 될까요? 그만큼 소수에 대한 저항이 자연스럽게 커져 가겠지요. 바로 그래서입니다. 그들은 경쟁을 더 부르대지요. 사람들이 단결해서 저항하지 못하도록 끝없이 경쟁을 강조하면서 조각조각 분열시킵니다. 사람들을 노동자와 비노동자로 분열시키고, 노동자를 실업자와 취업자로 경쟁시키고, 취업자를 다시 정규직과 비정규직으로 나누어 갈등을 일으키게 하는 게 좋은 보기입니다.

사람들이 경쟁하지 않고 연대하면 자신이 누리고 있는 기득권의 일부를 빼앗기지 않을까 두려운 사람들, 다른 사람과 더불어 사랑을 나누길 거부하는 사람들이 분명히 있습니다. 인색하고, 어찌 보면 가여운 사람들이지요. 그런 사람들에게 평생을 흙과 더불어 살다 간 전우익은 촌철살인의 경구를 남겼습니다. "혼자만 잘 살믄 무슨 재민겨."

그 물음, 저 혼자 살면 삶에 무슨 재미가 있느냐는 제안에는 풋풋한 사랑이 응숭깊게 자리 잡고 있습니다. 싱그러운 사랑은 모든 분열을 넘어서는 곳에서 깨끗하게 꽃핍니다.

여기서 사람이 성숙해 가는 길을 다시 떠올려 볼까요? 뒤뚱뒤뚱 자기 두 발로 서는 육체적 직립을 1단계로, 정신의 직립을 2단계로 살펴보았지요. 인류가 걸어온 역사와 현재 살고 있는 사회의 진실까지 짚어 본 우리는 이제 직립의 마지막 단계를 언급할 때가 되었습니다.

직립의 3단계, 바로 사랑 배우기입니다. 사람이 사람으로서 직립하는 마지막 단계이지요. 자기 두 발로 선 사람만이 비로소 다른 사람을 온전히 사랑할 수 있으니까요.

사랑은 직립 인간이 성숙하는 3단계로 마지막 단계입니다만, 1단계부터 성숙의 원동력이기도 합니다. 몸의 직립은 어머니의 젖과 다사로운 사랑이 있기에 가능하지요. 정신의 직립을 위해서도 사랑은 절대적입니다. 타인이 하라는 대로 행동하는 '수동적 자아, 곧 객체로서의 자아'를 벗어나 스스로 결정하는 '능동적이고 주체적인 자아'로 곧추서기는 자신에 대한 사랑이 없다면 불가능합니다.

진정으로 자기를 사랑할 수 있는 사람만이 이성 간의 사랑이든 우애든 다른 사람을 사랑할 수 있습니다. 사랑을 우리가 배워야 할 까닭입니다. 삶은 싱그러운 사랑을 배우는 '평생 학교'이지요. 우리가 이 지상에 존재하는 의미도 사랑을 체험하는 데 있을지 모릅니다.

정치 경멸의 정치 읽기

정치의 수준이
우리 삶의 수준을
결정합니다

진실과 사랑의 실천

지금까지 우리는 대지에 자기 두 발로 서기 위해 찾아야 할 진실, 그리고 다른 사람과 만나 싹 틔울 사랑의 면면을 살펴보았습니다. 진실과 사랑의 추구가 진공 상태가 아니라 사회 속에서 이루어진다는 사실도 알아보았지요.

무릇 진실은 단순히 개인 차원의 '윤리'에 머무는 것이 아닙니다. 설령 아무리 개인적이고 내밀한 차원의 문제라 해도 사랑 또한 사회를 떠날 수 없지요. 가령 일부일처제의 결혼 제도나 그에 뿌리를 둔 핵가족 제도 또한 영원불변의 질서가 아닙니다. 역사적으로 보면 근대 사회에 들어오면서 형성된 틀이지요.

그래서입니다. 우리가 진실과 사랑을 추구할 때 무엇이 그 내용을 틀 지우는가를 직시해야 합니다. 현실에서 진실과 사랑의 실천은 무엇으로 구현될까요? 뜬금없다고 생각할지 모르겠지만, 바로 정치입니다.

　진실과 사랑의 가치가 어떻게 정치와 바로 이어지는지 고개를 갸우뚱하리라고 짐작됩니다. 실제로 '정치'를 거론할 때, 대다수가 손사래부터 치지요. 정치 이야기는 물론 정치인에 대해서도 혐오감을 드러내는 사람들이 많습니다. 정치인에 대한 신뢰도가 맨 밑바닥에 이른 지 오래입니다.

　얼핏 보면 진실과 사랑의 실천은 현실 정치와 전혀 다른 것으로 다가옵니다. 하지만 냉철하게 짚어 보면 그렇지 않다는 걸 알게 됩니다. 이유는 단순하고 명쾌하지요. 아리스토텔레스가 일찍이 간파했듯이 "인간은 정치적 동물"이기 때문입니다.

　사람을 '정치적 동물'로 정의할 때, 그때 '정치'는 무슨 뜻일까요? 우리는 이미 사람이란 역사와 사회를 떠날 수 없는 존재임을 살펴보았지요. 특정한 역사적 경험이 축적된 특정한 사회에 태어나 그 속에서 사회화한 존재가 우리 개개인입니다. 하지만 사람은 일방적이고 수동적으로 사회화하는 존재만은 아니라는 진실도 우리는 알아보았지요. 사람은 자신이 주체가 되어 자기 두 발로 서서 현실의 변화에 능동적으로 개입하고 실천하는 존재, 현실을 새롭게 창조함으로써 자기를 창조해 가는 존재이기도 합니다.

　여기서 '현실의 변화에 능동적으로 개입하고 실천하는' 일, '현실을 새롭게 창조'하는 일, 그것을 한마디로 줄이면 무엇이 될까요? 바로 '정치'이지요. 현실의 변화에 능동적으로 개입하거나 현실을 새롭게 창조하려면 무엇보다 먼저 현실을 정확히 인식해야 합니다. 정확한 현실, 곧 진실을 밑절미로 형제애나

자매애를 실천하는 일이 사랑의 정치, 정치의 사랑이지요.

따라서 능동적으로 개입해 현실을 바꾸고 창조하는 일은 직업적 정치인만의 몫이 아닙니다. 예컨대 기념비적 문학이나 사상은 두고두고 인류의 삶을 새롭게 창조해 가는 데 마르지 않는 젖줄이 됩니다. 그때 문학과 철학은 그 자체로 위대한 정치가 되지요. 노동 운동이나 시민 운동은 말할 나위 없고, 언론도 교육도 삶의 현실을 바꾸고 창조하는 일을 해 나갑니다. 넓은 의미의 정치이지요. 다만, 언론이든 교육이든 문학예술이든 철학이든 운동이든 현실의 변화와 창조를 실제 생활로 구현하는 최종 마무리 지점이 직업적 정치일 뿐입니다. 인류의 오랜 노력으로 민주주의 법치 국가가 제도화한 상황에서는 더욱 그렇습니다. 여기서 '최종 마무리'라는 말은 그것이 가장 중요하다는 뜻이 아닙니다. 말 그대로 마지막에 마무리 정리하는 지점이라는 뜻입니다.

민주주의 사회에서 법을 만드는 행위나 법에 따라 국가를 운영하는 행위는 좁은 의미의 정치이지만, 그 정치가 실제 살아가는 사람들의 생활을 틀 지워 줍니다. 우리가 의식하지 못하고 있을 뿐, 법과 제도는 현대인의 삶을 그물처럼 감고 있지요. 그렇기에 민주주의 체제에서는 법을 만드는 사람과 법에 따라 국가를 통치하는 사람, 곧 국회의원과 대통령을 국민이 투표로 선출합니다.

대통령과 국회의원을 뽑는 투표 행위, 그것만으로도 이미 우리는 정치에 참여하고 있습니다. 마치 자신은 정치와 아무 관련 없다는 듯 담 쌓고 지낼 문제가 결코 아닙니다. 정치와 일상생활을 가를 담을 세운다는 것 자체가 원천적으로 불가능합니다. 그것은 물고기가 물속에 살면서 자신이 마치 물 없이 살아갈 수 있다는 듯이 생각하는 황당한 착각과 다를 바 없습니다. 우리 인간에게 정치는 공기와 같습니다. 우리가 살아 숨쉬는 한 정치로부터 벗어날 수 없습니다.

더러는 투표에 참여하기 싫어 기권했다면서 자신이 정치와 관계없음을 강변하기도 합니다. 하지만 기권도 선거에서 자신이 선택한 정치적 결정입니다. 2007년 12월 대통령 선거에서 투표하지 않은 37퍼센트의 유권자는 이명박 정권의 등장과 결코 관련이 없는 게 아니지요. 2008년 4월 총선에서 기권한 54퍼센트의 국민 개개인 또한 한나라당의 국회 과반 의석 확보라는 정치적 결정에 참여한 사람입니다.

이명박 정권의 등장과 한나라당의 국회 과반 의석 차지로 한국 사회는 적잖은 '변화'를 맞았습니다. 집권 초기에 이미 삶의 환경이 달라졌지요. 광우병 발병 위험이 있는 미국산 쇠고기의 수입 기준이 크게 완화돼 사실상 전면 수입으로 바뀌었고, 교육 정책이 더욱 경쟁 중심으로 바뀌었습니다. 바로 그게 촛불을 타오르게 한 원인이었지요. 이명박 정권은 또 그나마 남아 있던 국책 은행과 공기업들마저 '민영화' 또는 '선진화'란 이름으로 사기업이나 외국인 투자자 손에 넘기겠다고 밝혔습니다. 비정규직 노동자와 농민, 영세 자영업자들의 살림은 더 어려워질 게 분명해 보입니다. 우리 개개인의 건강이나 가족 친지의 경제 상황과 직결되는 사안에 변화가 일어났지요.

그렇습니다. 정치는 학교 교육과 직업 선택, 경제생활을 포함해 개개인이 살아가는 삶의 틀을 설정하는 일입니다 우리가 자아를 실현해 나가는 데 결정적 조건이지요. 같은 시대를 살아가는 사람들에 대한 사랑도 그것이 추상적이고 관념적인 게 아니라면 정치의 영역을 외면할 수 없습니다.

정치적 동물의 정치 경멸

정치가 우리의 삶과 직결되는 결정을 하는 영역임에도 왜 우리는 정치인이나 정치를 한껏 경멸하는 걸까요?

먼저, 국민의 처지에서 정치를 경멸하는 까닭을 살펴볼까요? 두 가지로 풀이할 수 있습니다. 하나는 한국 정치사에서 대다수 정치인들이 혐오스러웠기 때문입니다. 다만 어제오늘의 문제가 아니지요. 조선 시대 500여 년 동안 정치를 독점하던 양반 계급은 『춘향전』의 변학도가 상징하듯 탐관오리가 많았습니다. 어진 임금, 청빈한 정승으로 손꼽히는 정치인들도 완고한 신분 제도 위에서 온갖 특권을 누리며 살아가던 사람들이었지요.

일제 강점기에 정치를 독점한 일본의 지배 세력은 놔두고라도 외세에 빌붙어 활동한 조선인들은 더 큰 혐오감을 불러일으켰겠지요. 미군과 소련군이 들어와 일본 제국주의자들이 물러간 뒤에는 남과 북으로 나뉘어 국가가 세워졌습니다.

우리가 살고 있는 대한민국 정치사를 살펴볼까요. 이승만 정권은 독재와 부패의 극한을 치닫다가 10대 청소년이 앞장서 이끈 4·19 혁명으로 막을 내렸습니다. 그 뒤 군부 쿠데타로 집권한 박정희 정권은 국가 예산을 제멋대로 사용하는 전형적 독재를 휘둘렀습니다. 박정희는 스스로도 전혀 상상할 수 없었던 순간에 최후를 맞아 그의 정치 자금 문제가 영원히 미궁에 갇혔지만, 전두환·노태우가 대통령으로 재임하며 수천억 원을 착복한 사실은 대부분 드러났습니다.

오랜 군부 독재에 맞서 민주화 운동에 동참했던 김영삼·김대중도 각각 대통령 자리에 있었을 때 자신의 아들을 감옥에 보내야 했습니다. 노무현 정권은 그를 지지해 준 유권자들의 바람과 정반대로 미국의 이라크 침략 전쟁에 한국군을 파병하고, 노동 운동을 탄압하며, 부익부 빈익빈을 심화시킨 데다 여론 수렴 과정도 없이 한미 자유무역협정(FTA)을 덜커덕 체결했습니다.

어떻습니까? 정치인과 정치 자체를 혐오하며 경멸하는 게 어찌 보면 당연하지 않을까요? 정치하는 자들은 '죄다 도둑놈!'이라는 생각이 들 만도 하지 않겠습니까?

백범 김구(1876~1949)

정치를 경멸하는 또 다른 이유는 이 땅의 정치가 억압적이고 폭력적이었기 때문입니다. 양반 계급이 독점한 정치는 그에 저항하는 사람을 가혹하게 처단했습니다. 조선을 강점했던 일제의 억압과 폭력은 더 말할 나위가 없겠지요. 이승만이 분단국가를 세우는 과정에서 몽양 여운형과 백범 김구가 암살당했습니다. 전쟁이 일어나 남쪽과 북쪽에서 수백만 명이 생명을 잃었지요. 전쟁이 끝난 뒤에도 이승만은, 대통령 후보로 자신과 겨뤘던 조봉암을 '사법 살인' 했습니다. 아무런 근거도 없이 "북한과 내통했다."며 권력의 시녀였던 사법부의 힘을 빌려 처형했지요.

박정희는 군부 쿠데타로 집권하자마자 〈민족일보〉 발행인

조용수를 체포해 처형하고, 유신 독재 체제를 구축한 뒤에는 '인민혁명당 사건'을 조작해 민주 인사들을 처형했습니다. 전두환은 집권을 위해 민주 시민들을 학살하고 그것도 모자라 독재에 반대한 대학생들을 고문하거나 죽음에 이르게 했지요. 이른바 '민주 인사'들이 정권을 잡은 뒤에도 노동자와 농민의 요구는 국익의 명분 아래 억압당하기 일쑤였습니다. 생존권 보장을 요구하던 노동자와 농민이 노무현 정권 아래서 맞아 죽는 일까지 벌어졌습니다.

어떻습니까? 그만하면 정치인과 정치 자체를 외면하며 경멸하는 게 당연한 일 아니겠어요? 정치하는 자들은 '죄다 나쁜 놈!'이라는 생각을 할 만도 하겠지요.

바로 그런 전통 아닌 전통이 정치를 멀게만 느껴지게 하고 아예 정치를 경멸하게 만들었지요. 정치 이야기에 귀를 씻는 게 미덕처럼 전해 온 이유이기도 합니다.

그런데 문제는 정치 경멸이 정치적으로 이용당한다는 데 있습니다. 국민의 처지에서 정치를 경멸하는 현상은, 두 가지로 살펴보았듯이 얼마든지 이해할 수 있습니다. 하지만 정치 내부에 국민의 정치 경멸을 은근히 즐기고 또 의도적으로 경멸을 조장하는 세력이 있어요. 그들이 제 맘대로 정치를 하려면 국민이 정치에 무관심해야 좋을 테니까요.

정치인은 으레 출세욕과 사리사욕을 채우는 데 물불을 가리지 않는 사람—순 우리말로 '부라퀴'라 하지요—이라는 고정관념을 벗어나지 못할 때, 순수한 사람들은 정치에 무관심하기 십상입니다. 그 결과는 무엇일까요? 부라퀴들이 정치를 독점하는 현실로 귀착됩니다. 37퍼센트가 대통령 선거에 불참하거나 54

퍼센트가 총선에서 투표하지 않음으로써 누가 이익을 보았는가를 되짚어 보기 바랍니다.

물론, 투표하지 않은 사람들을 모두 '정치적 무관심'으로 몰아세우는 분석은 온당하지 않습니다. 내가 투표해 보아야 달라질 게 없다거나 전적으로 신뢰할 만한 정당이 없다는 정치적 판단으로 투표하지 않은 사람도 적잖으니까요. 하지만 그런 경우라 하더라도 정치를 외면함으로써 기득권 세력에게 유리한 선거 결과를 낳았다는 비판으로부터 벗어날 수 있는 것은 아닙니다. 투표해 보아야 달라질 게 없다면 어떻게 해야 할까요? 마땅히 변화를 가져올 정치 세력을 키워 가는 데 나서야 옳습니다. 전적으로 믿을 만한 정당이나 후보가 없다면, 그런 정당을 창조하고 후보를 만들어 가야 옳습니다.

정치 혐오, 정치 경멸 역시 수많은 정치적 선택 가운데 하나인 정치 행위입니다. 사람이 한 사회에 살고 있는 한, 사회가 정치와 구분되어 존재하는 게 아닌 한, 우리 모두는 정치 속에 존재합니다. 정치를 혐오하며 경멸한다고 해서 정치로부터 벗어나는 게 아니라는 진실, 국민이 정치를 혐오해 무관심하기를 바라는 누군가의 정치가 있다는 진실, 부라퀴 무리의 의도에 말려들어 자신도 모르게 그들을 위한 정치 행위를 하고 있다는 진실을 정치 경멸에 앞서 곰곰 성찰해야 옳습니다.

순수한 촛불에 불순한 덧칠

절대 다수의 청소년은 아직 투표권이 없습니다. 우리나라도 옛날보다는 투표 연령이 낮아졌지만 아직 19세입니다. 중학생은 물론 고등학생에게도 투표권은 원천적으로 없는 게지요. 그래서입니다. 청소년에게 정치를 이야기하는 데 거부감을 갖는 사람들이 적지 않습니다.

대표적 보기 글을 살펴볼까요? 큰 신문사의 한 논설위원이 촛불 시위 초기에 "10대 예찬론의 함정"이라는 제목으로 쓴 글의 일부입니다.

요즘 10대가 별나긴 하다. 인터넷 역사와 함께 성장한 이들은 컴퓨터와 디지털 기기 활용 능력에서 기성세대를 압도한다. '2.0세대'라는 표현이 어울리는 디지털 세대다. 표현력도 좋고 별로 주눅도 들지 않고 당당하다. 그러나 정치적 의도에 의해 인터넷 공간이 쉽게 조작될 수도 있다는 메커니즘에 대한 이해는 부족하다. (……) 역사적으로 10대를 정치에 동원한 결과는 참혹했다. 독재자 히틀러는 10대 청소년들로 나치의 청소년 조직 유겐트를 만들어 시위와 선동에 악용했다. 마오쩌둥(毛澤東)은 1966년부터 10년 동안 계속된 문화 대혁명이란 광란에 10대 홍위병을 동원했다. 캄보디아 폴 포트 공산 정권은 1970년대 말 10대의 손에 총을 쥐어 줘 동족 200만 명을 학살하는 데 이용했다. 모두 역사상 최악의 사건들이다. (……) 모든 나라는 정치 참여의 상징인 투표권에 연령 제한을 둔다. 21세부터 시작된 투표 연령은 대부분의 나라에서 18세까지 내려갔다. 우리나라는 지난 대선 때 20세에서 19세로 낮췄다. 10대 중고교생들에게 투표권을 주지 않고 정당 가입도 허용하지 않는 것은 그들의 정치적 판단 능력과 책임감 부족 때문이다. 광우병 괴담이 모두 사실이라도 10대를 대통령 탄핵 같은 정치 구호가 난무하는 시위 현장에 끌어 모으고 싶어 안달하는 것은 어른들이 할 일이 아니다. (……) 10대는 사랑과 이해, 관심과 배려, 보호와 육성의 대상이지 정치적 이용과 선동의 대상일 순 없다.

인용이 조금 길었습니다. 여러모로 생각할 거리를 많이 함축하고 있기 때문인데요. 어떻게 보셨나요? 읽은 분에 따라서는 10대를 '사랑과 이해의 대상'으로 생각하는 진정성이 느껴질 수도 있겠지요. 10대가 '정치적 이용과 선동의 대상'이 될 수 없다는 말에 누가 반대하겠습니까?

촛불을 든 학생들을 두고 나치의 청소년 조직 따위를 떠올리는 놀라운 발상도 접어 두지요. 문제는 촛불 시위 현장에 10대가 자발적으로 나온 진실을 눈감은 데 있습니다. 유겐트나 홍위병이나 폴 포트 군대는 모두 정치권력이 의도를 갖고 깊숙이 개입해 만들어 낸 조직이지요. 하지만 '촛불 소녀'로 상징되는 우리의 10대는 정반대로 정치권력에 맞서 그 잘못을 바로잡기 위해 거리로 나섰습니다.

우리는 역사에서 10대의 자발적 정치 참여가 이룬 위업을 수없이 만날 수 있습니다. 당장 이 땅의 역사만 보더라도, 대한민국 헌법 전문에 명기된 3·1 운동과 4·19 혁명을 들 수 있지요. 모두 10대 청소년이 선구자로 나선 정치 참여입니다. 4·19 혁명이 몰아낸 이승만, 그는 10대가 나설 때까지 대통령 자리에 앉아 호령하고 있었지요.

더러는 이제 민주주의 시대가 왔으므로 과거와 다르다고 주장합니다. 진정 민주주의 시대가 왔는지도 미지수이지만, 설령 그렇다고 하더라도 투표권이 없는 청소년은 과연 정치에 침묵해야 할까요? 그렇지 않습니다. 정치 현상을 자세히 들여다보며 나름대로 정치 감각을 익혀 가야 투표권이 주어졌을 때 민주 시민으로서 제구실을 할 수 있기 때문입니다. 정치에 전혀 무관심한 채 있다가 어느 해에 갑자기 투표를 하라는 주문은 중등 교육의 과정과 목적에도 부합하지 않습니다. 자신의 생활과 직결된 사안에서부터 당당하게 의사 표현을 하는 게 올바른 교육이자 헌법이 명문화해 보장한 모든 국민의 기본권입니다.

10대는 '정치적 이용과 선동의 대상'이 될 수 없듯이 '육성의 대상'도 아닙니다. 10대 스스로 선택권을 지니고 자기 결정권, 자기 두 발로 서는 힘을 키워 가야 합니다. 그게 교육이지요. 청소년들의 순수한 촛불을 불순한 시각으로 덧칠하는 것이야말로 낡은 정치적 사고이자 비교육적 행태입니다.

스웨덴의 10대, 한국의 10대

10대의 삶과 정치가 얼마나 밀접한 관련이 있는지 쉽게 알수 있는 구체적 방법이 있습니다. 스웨덴의 10대와 한국의 10대를 비교해 볼까요?

스웨덴 노동조합 초청으로 2003년, 2004년 두 차례 스톡홀름을 방문했을 때입니다. 입시 지옥 없이 자유롭게 살아가는 그 나라의 청소년이 참으로 부러웠고, 그와 함께 조국의 10대들 앞에 더없이 부끄러웠습니다. 두 나라 청소년의 생활을 어쩔 수 없이 비교하게 될 때마다 미안했고 죄의식마저 들었지요.

스웨덴에서는 고등학교는 물론 대학 입학금과 등록금까지 모두 무료입니다. 사랑하는 젊은 남녀가 아직 공부하는 학생이더라도 서로 원하면 결혼할 수 있습니다. 가정을 이루면 국가가 생활비를 지급해 주니까요. 임대 주택이 많아 집을 빌리는 데도 큰돈이 들지 않아요. 아이를 낳으면 자녀 수당을 더해 주지요. 병원 치료비도 전액 무료입니다. 모든 직업에 임금 격차가 심하지 않습니다. 직업에 귀천이 없다는 걸 실제 정책으로 현실화해 가고 있지요. 실업자가 되더라도 실업 수당이 있어 생존권 위협에 시달리는 일은 전혀 없습니다. 노후에는 연금으로 편안하고 즐겁게 여생을 보냅니다. 말 그대로 요람에서 무덤까지 사람으로서 품위를 지키며 살아갈 수 있는 권리를 최대한 보장해 주지요.

대학을 졸업해 직업을 가지더라도 살아갈 집을 빌릴 목돈을 마련하기 전에는 아무리 사랑하는 사이여도 결혼하기 어려운 사회, 자식을 대학에 보내려면 등록금만 해도 연간 1000만 원이 드는 사회, 가족 가운데 누군가 암에 걸리면 가세가 가파르게 기우는 사회, 서울 강남 아파트 값이 하루 자고 나면 1억 원씩 오르곤 하는 사회에서 살아가는 우리에겐 상상하기 어려운, 그러나 엄연히 실재하는 사회입니다.

사람이 사람으로 살아가는 기본권이 보장된 사회에서 청소년은 어떻게 살아갈까요? 학벌은 물론 학력이 10대의 꼭뒤를 누르지 않지요. 꼭 대학에 가야 한다는 강박 관념 없이 자신의 개성을 꽃피워 갈 따름입니다.

반면에 어떤가요? 한국 사회에서 자라는 10대는 초등학교 시절부터 흔히 말하는 '일류 대학'에 가야 한다는 강박 관념에 시달립니다. 생존권을 비롯해 주거권이나 교육권, 건강권 가운데 보장되어 있는 게 아무것도 없기 때문이지요. 초중등 교육의 모든 게 대학 입시라는 획일적 경쟁 아래 종속되어 있습니다. 10대에게 행복은 엄연히 '성적순'인 게 이 땅의 현실입니다. 부모와 10대 자녀 사이의 대화가 "오늘은 몇 점 받았니?"로 시작해 "시험 잘 보아야 한다."로 끝나고 있습니다. 청소년의 재능은 다채로운데도, 오로지 IQ만 있는 게 아닌데도, 학교 교육은 모든 걸 성적순으로 서열화합니다.

하지만 스웨덴에서는 어떨까요? 스웨덴에서 10대는 굳이 대학에 가야 할 아무런 이유가 없습니다. 자신이 정말로 하고 싶은 일에 몰두할 수 있겠지요. 그러니 각자가 자신이 타고난 능력을 일찌감치 꽃피워 가지요.

한국 사회에선 흔히 지능 지수로 IQ만 떠올립니다. 고정관념이지요. 하워드 가드너는 전통적인 IQ 개념이 학교 안에서 특별한 가치가 담긴 지식이나 기능에 초점이 맞춰져 있다고 지적합니다. 가드너의 '다중 지능(multiple intelligences) 이론'에 따르면, 음악 지능, 신체·운동 지능, 논리·수학 지능, 언어 지능, 공간 지능, 대인 관계 지능, 자기 이해 지능, 자연 탐구 지능이 각각 고유하지요.

딱히 가드너의 다중 이론이 아니더라도 IQ보다 중시되는 지수들이 있습니다. 디지털 지수(DQ), 사회성 지수(SQ), 도덕성 지수(MQ), 열정 지수(PQ) 따위가 그런 보기이지요. 학교 성적이 도무지 오르지 않는다고 해서, IQ가 낮게 나왔다고 해서, 아이를 주눅 들게 하거나 절망할 일은 결코 아닙니다. 더구나 21세기는 시간이 흐를수록 개개인의 창조성이 중시될 수밖에 없습니다. 그때 주목할 것은 창조성 지수(CQ)나 감성 지수(EQ)이겠지요.

그렇다면 여기서 냉철한 이성으로 물어보아야 합니다. 무엇일까요? 무엇이 스웨덴의 10대와 한국의 10대 사이에 '하늘과 땅 차이'란 말이 실감 날 만큼 다른 삶의 환경을 만든 걸까요? 해답은 명쾌합니다. 다름 아닌 정치입니다.

사람이 사람답게 살아가는 기본권을 국가가 보장해 주는 사회를 만들어 가자는 정치 세력이 행정부와 입법부를 구성해 온 나라와, 학교생활에서 사회생활까지 평생을 경쟁하며 살아가도록 내모는 게 국가 경쟁력을 높이는 길이라고 부르대는 정치 세력이 행정부와 입법부를 구성해 온 나라, 바로 그 차이입니다.

주권자로 성숙하는 길

스웨덴에서 살아가는 10대와 한국에서 살아가는 10대. 그 하늘과 땅 차이가 아직도 실감 나지 않는가요? 당연합니다. 무상 교육, 무상 의료 등은 우리가 비슷하게 단 한 번도 누려 보지 못한 혜택이니까요. 그래서 이야기를 들어도 그냥 넘어가기 쉬워요. 당연히 그런 사회가 있다는 사실을 다른 사람과 나눌 생각도 들지 않겠지요.

하지만 적어도 이 책을 읽는 우리는 달라야 합니다. 그 차이가 정치에서 비롯되었다는 진실을 확인했기 때문이지요. 여기서 다시 "누가? 왜?"라는 질문을 호기심으로 던질 때입니다. 스웨덴과 한국에 전혀 다른 행정부와 입법부가 활동하게 된 이유를 찾아보는 일이지요.

여러모로 원인을 찾을 수 있습니다. 무엇보다 먼저 한국 근·현대사의 전개 과정에서는 제국주의 외세의 개입이 큰 변수였지요. 역사가 한국 사회 내부의 논리에 따라 나아간 게 아니라, 결정적 시기에 외세의 개입으로 자주적 발전의 길이 막히게 되었죠. 앞서 살펴본 동학 농민 전쟁이 보기입니다. 그 결과 식민지를 겪었고, 지금 이 순간도 남과 북으로 분단되어 있는 이 땅은 스웨덴과 역사적 배경부터 차이가 큽니다.

하지만 아무리 외적 요인이 크더라도 현실의 문제를 주체적으로 풀어 가려면 내적 요인을 엄밀하게 분석해야 옳습니다. 미국인 역사학자도 인정했듯이, 조선은 15세기 기준으로 본다면 세계에서 가장 선진적인 정치 경제 체제를 이루고 있었지요. 선진국 조선이 서서히 뒤처진 이유는 아래로부터 올라오는 민중의 창조성을 조선 왕조 내내 사농공상의 경직된 신분 체제로 억압해 왔기 때문입니다. 국민으로부터 지지받지 못하는 국가는 외세 앞에 무기력할 수밖에 없지요. 나라가 식민지로 전락한 뒤 왕족이나 양반 계급이 아니라 억압되어 왔던 민중이 민족 해방 운동에 적극 나선 사실은 깊이 성찰해 볼 대목입니다.

역사적 배경과 근대 사회의 전개 과정이 다르긴 합니다만, 그럼에도 냉철하게 짚을 필요가 있습니다. 오늘의 한국 정치 체제는, 스웨덴의 정치 체제가 그러하듯이, 지금 이 순간을 살고 있는 국민의 선택이니까요. 아무리 여러 요인이 중첩되어 있어도 궁극적으로는 국민의 투표, 국민의 선택이 결정합니다. 국민의 정치의식이 중요한 까닭이지요.

무릇 한 나라의 헌법 수준은 그 나라 국민의 정치의식 수준과 비례합니다. 한 나라의 민주주의 수준 또한 마찬가지이겠지요. 그 말은 모든 책임이 국민에게 있다는 뜻일까요? 그렇지는 않습니다. 사회화 과정, 더 정확히 말해서 정치 사회화 과정에 놓인 큰 차이를 주목해야 옳습니다. 가령 스웨덴과 한국의 교육 내용을 비교해 볼까요?

스웨덴 청소년은 어렸을 때부터 학교에서 연대의 가치를 익히고 노사 갈등과 바람직한 노사 관계에 대해 폭넓고 깊게 학습합니다. 그런 학습은 특정 정당과 관계가 없습니다. 청소년이 민주 시민으로서 사람답게 살아갈 기본 교양을 갖추는 일이기 때문이지요. 모든 타인을 경쟁 상대가 아니라 더불어 살아감으로써 자신의 삶을 풍부하게 해 주는 사람으로 인식하는 일, 노사 관계가 기본인 자본주의 사회에서 노동자로서 자기 권리를 당당하게 주장하며 살아갈 수 있도록 10대를 준비시키는 일은 교육이 마땅히 담당해야 할 몫입니다.

그런데 만일 한국 사회의 어느 학교 교실에서 교사가 경쟁보다 연대의 가치를 강조하거나 노동자의 권리를 비롯해 노사 협상 방법을 상세히 가르친다면 어떻게 될까요? 아마도 그 교사는 신문과 텔레비전으로부터 '의식화 교사'라거나 심하면 '빨갱이'라는 마녀 사냥을 당할 가능성이 높습니다. 자칫 교단에 서기 어렵게 될 수 있지요. 그리고 싶지 않은 우리 사회의 서글픈 자화상입니다.

저 획일적 경쟁 중심의 교육과 언론이 만들어 가는 권위주의적 사회화의 귀결점은 무엇일까요? 국민 대다수가 자신이 온몸으로 경쟁하며 살아가는 경제생활과 정치를 전혀 관계 없는 것으로 여기거나 '정치'라는 말을 역겹다고 생각하게 되지요. 그 귀결점은 다시 무엇일까요? 획일적 경쟁을 더 부추기는 정책과 입법입니다.

스웨덴의 10대와 한국의 10대가 살아가는 차이는 우리가 정치적 주권자로서 어떻게 살아가야 옳은지 웅변해 줍니다.

모든 청소년은 10대를 마무리할 즈음에 투표권을 갖습니다. 이미 살펴보았듯이 한국은 다른 나라보다 투표 연령이 높아요. 이제 그 이유도 짐작할 수 있을 터입니다. 청소년이 자신의 문제를 정치적 요구로 제시하는 데 미처 눈뜨지 못했기 때문이지요.

장담하거니와 청소년이 민주주의를 깊이 이해할수록, 정치적 의사를 적극 표현해 갈수록, 그만큼 한국에서 투표권도 일찍 갖게 됩니다. 대학 입시 중심의 획일적 경쟁 교육 현실도 마찬가지입니다. 살인적 교육 현실을 바꿔 나갈 주체도 자신이라는 자각이 마침내 현실을 새롭게 창조할 수 있습니다.

물론, 청소년이 투표 연령에 이른다 해도 하루아침에 모든 게 달라지지는 않습니다. 19세가 되어  당당하게 투표를 했다고 해서 곧 정치적 주권자가 되는 걸까요? 그렇지는 않겠지요. 투표는 4년 또는 5년에 한 번씩밖에 없습니다. 그래서 투표가 결코 민주주의일 수 없는 이유를 일찌감치 장 자크 루소가 다음과 같이 갈파했지요.

루소(1712~1778)

"영국의 민중은 선거 기간에만 자유롭고 나머지 기간은 옥중에 갇혀 있다."

그렇습니다. 투표는 결코 민주주의의 완성일 수 없지요. 민주주의의 가장 기초적 형식일 따름입니다. 주권이 국민에게 있다면, 선출한 사람이 제구실을 못할 때 마땅히 소환하여 책임을 추궁할 수 있어야 합니다. 대통령도 국회의원도 큰 잘못을 저질렀을 때 소환할 수 있어야 하고, 국민이 직접 입법에 참여할 수도 있어야 옳지요. 국민 소환권과 국민 발안권 모두 국민의 주권을 실현하는 중요한 정치 문제입니다. 국민 대다수가 가장 중시하는 경제생활을 틀 지우는 일 또한 정치의 몫이지요.

물론, 정치가 중요하다고 해서 모든 사람이 직업 정치인이 될 필요는 전혀 없습니다. 현실적으로 가능하지 않고, 무엇보다 바람직하지도 않습니다. 사람마다 즐거움을 느끼는 대상이 얼마든지 다르거니와, 삶의 다른 영역들이 정치 못지않게 중요하니까요. 개개인이 걸어가는 자아실현의 길에 적합한 직업을 선택할 때, 정치인이 다른 직업보다 우월하다고 여길 근거는 전혀 없습니다. 더구나 대한민국의 정치 현실에서 정치인은 존경받는 직업도 아닙니다.

다만 자신이 선택한 직업에서 노동을 하며 자기 창조를 해나가는 과정에서, 정치를 혐오하거나 외면한다면 자신도 의식하지 못한 채 하나뿐인 삶이 부라퀴들에게 휘둘리게 된다는 사실은 잊지 말아야 합니다. 내가 정치적 판단을 유보할 때, 누군가의 정치적 판단으로 나의 삶이 틀 지워질 수밖에 없으니까요. 성실하게 노동하며 살면서 그때그때 정치적 의사 표현을 정확히 하기, 그것은 얼마든지 실천할 수 있는 일입니다. 민주 시민으로서 바람직한 정치 생활, 생활 정치이지요.

정치적 주권자로 살아가려면 자기 두 발로 서서 진실을 탐색하고 일상의 삶에서 그 진실을 실천해야 합니다. 그 실천이 같은 시대를 살아가는 사람들을 사랑하는 길이지요. 더불어 그 길은 정치 주권자로서 정치의식을 높여 가는 과정입니다.

신문과 방송, 인터넷으로 정치 현상을 시시콜콜 추적한다고 해서 정치의식이 높아지는 건 아닙니다. 정치 현상 이면에 있는 역사와 사회의 진실을 읽어 내야 합니다. 이 책에서 제안한 열 가지 삶의 주제를 갈무리하며 살아갈 때, 민주 시민으로서 권리와 의무를 충실히 수행할 수 있는 정치의식은 자연스럽게 성숙해 가겠지요.

한 가지 흥미로운 사실을 더 짚고 갑시다. 영어에서 '이디어트'(idiot)는 바보 또는 백치라는 뜻입니다. 그 말의 뿌리가 대단히 시사적입니다. 그리스 말 '이디오테스'(idiotes)에서 비롯했는데요. 본디 뜻은 "공공의 문제에 관심이 없이 오직 사사로운 문제에만 관심을 갖는 사람"입니다. 자신이 정치적 동물임에도 오직 사사로운 문제에만 관심을 갖는 사람, 바보일 수밖에 없겠지요. 그 기준으로 보면 어떨까요? 정치에 무관심한 한국 사회의 대다수 국민을 어떻게 불러야 할는지요.

"대한민국의 모든 권력은 국민으로부터 나온다." 우리나라 헌법 제1조이지요. 그러나 현실은 어떤가요? 혹시 "대한민국의 모든 권력은 '바보'로부터 나온다."가 헌법 제1조의 명문화된 조항보다 더 많은 진실을 담고 있는 게 아닐까요? 바보의 길과 주권자의 길, 우리 앞에 놓여 있는 갈림길입니다.

아름다운 집 상상하기

모든 사람이
골고루 행복하게
살아가는 집,
그 아름다운 집의 건축은
변함없는 인류의
꿈입니다

'긍정적 사고'의 함정

모든 청소년은 가출이나 출가를 꿈꿉니다. 자신이 살아온 집에서 떠나는 일이지요. 10대의 어느 순간, 문득 부모와 함께 살아가는 게 부담스럽거나 싫을 때가 오기 마련입니다.

물론 독립할 힘도 전혀 없는데 충동적으로 집을 나간다면, 그것은 비행으로서 가출이겠지요. 하지만 누구든 언젠가는 집을 나와야 합니다. 대체로 결혼하면서 새 보금자리로 옮겨 가지요. 흔히 분가한다고 말하지만, 일종의 출가입니다.

본디 출가(出家)란 불교에서 구도의 길을 걸어가는 선택을 이르지요. 그럼에도 출가를 이야기하는 뜻은, 앞서 논의했듯이 우리가 평생 삶이라는 학교를 다니기 때문입니다. 자신이 주체가 되어 진실과 사랑을 실천해 가는 삶은 그 자체로 '구도의 길'

이 아닐까요?

10대라면 누구나 출가해서 자신이 평생 살아갈 집을 꿈꾸어야 합니다. 스스로 물어볼 필요가 있지요. '나는 어떤 집에서 살아가려는가?' 그 호기심은 자신이 살 아름다운 집을 상상하는 즐거움으로 이어집니다.

무릇 집이란 추위, 더위, 비바람 따위를 막으며 그 속에 들어가 살려고 지은 건축물이지요. 가족과 가정이란 뜻도 담겨 있습니다. 흔히 반석 위에 집을 짓는다는 말을 많이 합니다. 반석(盤石). 넓고 평평한 큰 돌, 너럭바위입니다. 기반이 튼튼해야 흔들리지 않는다는 뜻이지요. 사물이나 사상이 대단히 견고함을 이르는 비유이기도 합니다.

어린 시절의 지나친 성 억압이 독재 정치를 낳는다는 연구로 유명한 빌헬름 라이히는 일찍이 "반석 위에 집을 지어라."고 촉구했습니다. 눈여겨볼 대목은 그가 이야기한 '반석'입니다. 라이히는 "그 반석이란 당신이 스스로 말살한 고유의 천성"이라고 잘라 말합니다. 이어 "당신이 열여섯 살 때 가졌던 인생에 대한 꿈"이라고 강조했습니다.

청소년기에 누구나 아름다운 집에서 살아갈 꿈을 꿉니다. 바로 그 꿈이 반석입니다. 물론, 초고층 아파트가 한적한 농촌까지 퍼져 가고 있는 해괴한 세상에 걸맞지 않은 조언일 수도 있지요. 하지만 곰곰 생각해 봅시다. 어렸을 적에 우리가 꿈꾼 아름다운 집, 그 집은 결코 나 홀로 살아갈 집이 아니었지요. 그 안에서 다른 사람과 더불어 모든 사람이 행복하게 살아갈 집을 꿈꾸지 않았던가요?

역사를 돌아보아도 비슷합니다. '아프리카 깊은 숲'을 나온 초기 인류가 처음 집을 지을 때도 저 혼자 외딴곳에 짓지 않았습니다. 모여서 집을 지었지요. 자연을 떠나 사회를 만들어 간 시점과 집의 역사는 서로 일치합니다.

오늘의 한국 사회도 예외가 아니지요. 우리가 살아갈 집의 문제는 결코 개인 차원의 문제가 아닙니다. 사회의 성격과 이어지지요. 앞서 비교한 스웨덴을 다시 봅시다. 스웨덴에서 집은 한국과 달리 공공 개념이 강합니다. 국가와 지방 자치 단체가 저렴한 임대 주택을 많이 지었지요. 반면에 큰돈이 없으면 자신과 가족이 잠잘 곳조차 구할 수 없는 데가 한국 사회입니다.

그래서입니다. 어떤 집에서 살까라는 상상은 현실에서도 어떤 사회를 꿈꾸는가와 이어질 수밖에 없습니다. 아름다운 집 또한 반석 위에 지어야겠지요. 문제는 어떤 반석이냐에 있습니다.

많은 사람이 긍정적 사고야말로 인생의 반석 또는 미덕이라고 강조합니다. 청소년을 대상으로 모든 것을 긍정적으로 사고하는 게 이기는 길이라는 주장도 쏟아집니다. 서점에서도 '긍정적 사고'를 예찬하는 책들이 베스트셀러이지요. 그런 책들이 부모가 아이에게 선물하기에도, 선생님이 학생에게 추천하기에도 부담이 없겠지요.

물론, 세상을 긍정적으로 보면 좋은 일이 많이 있을 터입니다. 더구나 청소년기에 세상을 부정적으로만 본다는 것은 바람직하지 않지요. 하지만 그렇다고 해서 세상을 꼭 긍정적으로만 보아야 할까요? 긍정적 사고가 절대선일까요?

그렇지는 않습니다. 때로는 청소년에게 긍정적 사고가 더 위험할 수 있습니다. 10대 대다수가 결국 노동하며 살아갈 터인데도 노동의 중요성이나 노동자의 권리를 소홀히 하는 교육이 어떤 결과를 빚는지 앞서 살펴보았지요? 더구나 현실이 모순투성이인데 이를 '긍정적으로 사고'한다면 어떻게 될까요? 과연 그것이 청소년에게 참으로 바람직한 사고일까요? 청소년이 긍정적 사고만 몸에 익혀 자신의 인생을 걸어갈 때, 현실 앞에 수없이 은폐되어 있는 모순의 수렁에 빠지지 않겠습니까?

긍정적 사고나 부정적 사고 이전에 중요한 게 있어요. 세상을 있는 그대로 바라보는 눈입니다.

있는 그대로 보는 눈

세상을 있는 그대로 보는 것, 그것은 곧 진실을 추구하는 일입니다. 모든 것을 긍정적으로 본다면 세상은 어떻게 될까요?

현실을 긍정할 때 현실에 대한 순응, 무비판적 순종으로 이어질 가능성이 큽니다. 긍정적 사고라는 이름으로 현실에 순응하기를 바라는 사람들이 누구인지 직시할 이유가 여기 있지요.

더러는 누가 현실에 순종하기를 바라겠느냐며 그런 생각 자체가 부정적 사고라고 몰아세웁니다. 과연 그러한가요? 긍정적 사고를 주장하는 사람들이 미처 모르거나 알아도 모르는 체하는 역사적 진실 몇 가지를 소개하지요.

먼저, '최초의 민주 국가 헌법'으로 미국이 자부하는 헌법 초안의 기초를 맡았던 제임스 매디슨을 짚어 볼까요? 그는 "(18세기 말에) 영국에서도 투표권이 모든 계층의 국민에게 주어진다면 지주들의 재산권이 위협받게 될 것"이라며 투표권 제한에 앞장섰답니다. 매디슨은 "정부의 첫째 임무는 무엇보다도 부유한 소수를 다수로부터 보호하는 것"이라고 자신의 생각을 솔직하게 드러냈지요.

　다만 투표권에서만 불거지는 문제가 아닙니다. 유럽에서 보통 교육이 퍼져 가던 19세기 중반에 일어난 일을 살펴봅시다. 벨기에의 자유당 지도자 샤를로 로지에는 1850년 '중등학교 제도'를 제안하며 단언했습니다. 중등학교의 목표는 "상황에 만족하는 시민과 노동자를 만드는 것"이라고. 그럼에도 유럽에 중등학교 교육이 퍼져 가자 "소시민의 자녀를 그들의 신분 이상으로 끌어올렸다"는 비난이 봇물을 이루었습니다. '소시민의 자녀를 그들의 신분'에 걸맞게 긍정적 사고로 길들이려는 교육이 자신들의 뜻대로 이뤄지지 않은 게지요.

　20세기에 들어서도 일관되는 논리를 발견할 수 있습니다. 미국 홍보업계의 '초석'을 놓은 인물로 평가받는 에드워드 버네이즈를 만나 봅시다. 그는 세계대전을 통해서 얻은 교훈을 기업에 적용한 인물인데요. 보통 선거와 보통 교육 때문에 미국 사회가 "대중의 위협에 직면했다."고 경고했습니다. "대중이 스스로 왕이 되겠다고 선언했기 때문"이라고 개탄했지요. 이어 홍보업계의 고전으로 불리는 책에서 그는 다음과 같이 썼습니다.

　"삶의 모든 분야에서 여론을 통제할 수 있다는 가능성을 영리한 소수에게 깨닫게 해 준 것이 전쟁 동안 선전이란 분야가 거두어들인 가장 놀라운 성공이다."

　버네이즈는 "대중의 동의를 끌어내는 기술이 민주적 절차의 핵심"이라고 주저 없이 정의했습니다.

　어떻습니까? "상황에 만족하는 시민과 노동자를 만드는 것"이라는 19세기 중반의 정치인 발언은, 또 "대중의 동의를 끌어내는 기술이 민주적"이라는 20세기 미국 홍보 전문가의 '선구자'적 주장은, 독자에게 '긍정적 사고'를 강조하는 21세기 베스트셀러들의 논리와 어떤 차이가 있는 걸까요?

긍정적 사고로 세상 모든 것을 바라볼 때, 우리는 결코 반석 위에 집을 지을 수 없습니다. 말과 달리 실제로는 긍정적 사고를 하지 않는 사람들이 곳곳에 함정을 파 놓고 있는 게 엄연한 현실이기 때문입니다. 그들이 파 놓은 함정을 인식하지 못하고, 함정이 깔린 곳을 반석으로 여기고 그 위에 우리가 살아갈 집을 짓는다면 어떻게 되겠습니까? 그 집이 모래 위에 집을 짓는 일보다 덜 위험할까요?

사랑하는 사람을 만나고 결혼으로 가정을 이루었을 때, 그 집을 반석 위에 세우려면 무엇보다 현실을 정확히 읽어야 합니다. 모든 사람이 골고루 행복하게 살아가는 집, 그 아름다운 집의 건축은 변함없는 인류의 꿈입니다. 우리 개개인의 인생 자체가 삶이라는 집을 짓는 예술이지요. 그 집의 반석은 긍정적 사고가 아닙니다. 있는 그대로 보는, 진실의 사고입니다.

갈라진 세상 이어 주는 다리

너그러움이 얼굴에 뚝뚝 묻어나는 한 50대 노동자의 물기 머금은 눈이 지금도 눈앞에 선합니다. 그가 눈을 슴벅이며 털어 놓은 고백을 나누고 싶어요. 사람들이 많이 오가는 공공장소에서 한 여름에 땀 흘리며 육체노동을 하던 그가 허리를 폈을 때, 자신을 말똥말똥 바라보는 여자 아이를 발견했답니다.

맑은 눈길과 마주치자 고단함이 눈 녹듯 풀리는 느낌이었다고 하더군요. 한 걸음 바투 내디디며 몇 살이냐고 다정하게 물었다지요. 그때, 또박또박 구두 소리가 다급하게 들려왔습니다. 젊은 여성이었는데요. 아이의 엄마임을 직감했지요. 짙은 화장을 한 여성은 아이의 가는 팔목을 잡아채며 돌아섰어요. 아이는 얼굴을 돌려 노동자를 안타깝게 바라보았습니다. 그 순간 젊은 엄마가 아이에게 훈계하는 소리가 들려왔습니다. "너도 공부 못하면 저런 사람 된다."

거기까지 이야기한 늙수그레한 노동자의 선한 눈은 촉촉히 젖어들었습니다. 어떻습니까? 그 젊은 엄마의 유별난 '자식 교육'에 돌 던질 사람, 우리 가운데 얼마나 될까요? "공부 못하면 저런 사람 된다."는 막말이 그 젊은 엄마만의 문제일까요? 혹시 이 땅에서 살아가는 우리 대다수의 내면에 도사리고 있는 사고는 아닌지요? 몸으로 노동하는 직업에 대한 천시에서 우리 모두는 얼마나 자유로운가요?

반대로 공부를 잘하면 어떤 사람이 된다고 우리는 짐작하는가요? 흔히 말하는 '일류 대학'을 나오면 몸으로 하는 일을 하지 않아도 된다는 게 우리 모두의 '상식'이 되어 있습니다.

획일적 경쟁 중심의 교육은 공부 잘하는 학생과 못하는 학생으로 갈라 놓았지요. 우열반에 더해 석차 100등까지 게시해 놓는 학교가 곳곳에 있습니다. 한국 사회에서 학벌로 깊게 갈라진 균열은 평생토록 메워지지 않아요. 긍정적 사고로 해결될 일이 결코 아니지요.

흔히 '한국인'이니 '대한민국 국민'이니 하는 말을 씁니다. 현실은 어떤가요? 대한민국 국민은 결코 하나가 아닙니다. 한국 사회에서 부익부 빈익빈은 무장 커지고 있습니다. 깊은 균열은 상류층과 빈민 사이만 갈라 놓은 게 아닙니다. 자본과 노동 사이에, 정규직 노동자와 비정규직 노동자 사이에, 사무직 노동자와 생산직 노동자 사이에, 취업자와 실업자 사이에, 그 모든 분열에서 다시 남성과 여성 사이에 균열을 만들어 놓았습니다.

한국 사회 내부 문제만이 아닙니다. '지구촌'이니 '세계는 하나'라는 말을 입버릇처럼 이야기합니다만 과연 그런가요? 항공 교통의 발달로 전 세계가 좁아진 것은 사실이지요. 지구 온난화처럼 지구인이 공동으로 대처할 문제가 툭툭 불거지고 있는 것도 사실이고요.

그러나 세계는 아직 하나가 아닙니다. 지구 또한 깊숙이 갈라진 틈을 흉물스럽게 드러내고 있습니다. 세계적 차원에서, 세계화가 모든 사람에게 유익하다는 담론이 퍼져 가고 있는 그 순간에 빈국과 부국 사이에 갈라진 틈은 더 벌어져 왔습니다.

21세기 현재 인류가 공통적으로 부닥친 가장 큰 균열, 바로 신자유주의입니다. 우리는 앞에서 사회주의 사상과 실천이 없었다면 민주주의가 지금처럼 성장하지 못했다는 진실을 익혔습니다. 자본주의 초기에 상공인들은 재산 있는 사람만 투표권을 갖도록 제한했지요. 투표권을 독점한 상공인들의 탐욕은 그들 스스로의 반성이나 도덕이 아니라 아래로부터 노동자의 강력한 요구로 비로소 절제될 수 있었습니다. 사회주의 사상과 실천은 그 요구의 구체적 표현이었지요.

그런데 1989년 동유럽 공산당 정권의 붕괴에서 시작해 1991년 소련 공산당의 해산과 곧이은 소비에트 사회주의 공화국 연방의 해체로 자본주의 국가들은 더 이상 체제 위협을 느끼지 않게 되었습니다. 모든 걸 다시 시장의 자유로운 경쟁에 맡기자는 자본주의 논리가 전 지구로 퍼져 갔지요. 영국의 대처

정권에 이어 미국 레이건 정권에서 본격 추진 된 신자유주의는 소련의 붕괴로 마치 '시대정신'이 된 듯 지구 곳곳에 침투해 갔습니다.

시장의 자유, 돈의 자유, 경쟁의 자유로 돌아가자는 논리, 그것이 신자유주의입니다. 대기업 규제를 완화하고 공공 기관까지 모두 '민영화'란 이름 아래 사영화하고, 노동자를 '유연화'란 이름 아래 언제든 해고하는 게 신자유주의의 주요 정책입니다. 부국과 빈국 사이에 갈라진 균열이 더 커진 까닭도, 또 부국과 빈국 내부에서 부자와 빈자 사이에 갈라진 틈이 더 벌어진 까닭도 신자유주의에 있습니다. 그럼에도 신자유주의는 시장이 모든 걸 해결할 수 있는 '만병통치약'이라는 이데올로기로 겹겹이 무장해 있습니다.

우리가 살고 있는 이 땅에서 균열은 더 중첩되어 있습니다. 다름 아닌 남과 북의 분단과 단절이 그것입니다. 분단은 일본 제국주의의 식민지 강점이 그러하듯이 세계사의 전개 과정과 밀접하게 관련되어 있습니다. 20세기 초 일본과 미국은 각각 조선과 필리핀을 식민지로 삼는 데 합의했습니다. 가스라 태프트 조약이 그것이지요. 1945년 8월, 소련과 함께 일본을 물리친 미국은 소련에 38도선을 경계로 분단 점령을 제안했습니다.

남과 북에 각각 국가를 세우는 과정은 세계사적으로 미국과 소련의 갈등이 커 나가던 시기였습니다. 분단 체제에서 남이든 북이든 긴장할 수밖에 없었지요. 실제로 전쟁까지 치렀으니까요. 그 결과입니다. 자본주의와 사회주의의 길을 남도 북도 경직된 모습으로 걷게 되었습니다.

분단 체제의 기원과 전개 과정은 오늘을 살아가는 우리에게 많은 것을 시사해 줍니다. 무엇보다 분단 체제와 신자유주의가 연관을 맺고 있지요. 우리가 살고 있는 이 땅의 오늘은 남과 북으로 깊은 균열이 가 있고, 남쪽 내부는 또 신자유주의가 여기저기 갈라 놓았습니다.

우리가 살아갈 아름다운 집을 상상할 때 가장 먼저 고려할 것은, 신자유주의와 분단 체제가 깊고 날카롭게 찢어 놓은 단절에 '다리'를 놓는 일입니다. 갈라진 세상 이어 주는 다리 없이 아름다운 집을 건축할 수는 없습니다.

신자유주의 위기와 전환기

청소년이 정치 이야기를 할 때 기성세대가 흔히 나무라는 말이 있습니다. "정치가 밥 먹여 주냐?"가 그것입니다. 정치에 관심 갖지 말고 학업에 전념하라는 꾸지람인데요. '자기 주도 학습'을 익히는 데도 자기 두 발로 서서 현실을 분석하는 눈이 필요함을, 정치 혐오나 무관심 또한 엄연한 정치 행위라는 사실을 짚어 본 우리가 그 말에 동의할 수는 없겠지요.

하지만 그 말이 경제 문제 해결과 동떨어진 채 서로 치고받는 오늘의 정치판을 꼬집는 지적이라면 음미해 볼 문제입니다. 윤택하게 살거나 아직 학생일 때는 느끼기 어렵지만 우리가 살아가는 가장 밑절미가 되는 게 경제이니까요.

그럼에도 '경제'는 우리가 선뜻 다가서기 어려운 영역입니다. 설령 다가서더라도 온전히 파악하기가 쉽지 않습니다. '경제'라면 복잡한 수치를 떠올리며 전문가들이 알아서 할 일로 미루는 까닭도 같은 맥락입니다.

그 결과는 무엇인가요? 국민 대다수가 눈 뜨고 코 베이는 오늘입니다. 가령 한미 자유무역협정을 반대하면 곧 "쇄국하자는 것이냐?"는 식의 지극히 단순한 흑백 논리가 판치고 있습니다. 수준 낮은 '유언비어'들이 제법 무게 있게 여론을 형성하고 있는 배경에 신문사와 방송사들이 있다는 사실도 알아보았지요.

적잖은 국민이 미국과 자유무역협정만 발효되면 우리가 곧 선진국이 되리라고 은연중에 기대합니다. 한미 자유무역은 '제3의 개국'으로 경제 성장을 가져오고 선진국으로 진입하는 발판이 된다는 논리가 퍼져 있지요.

여론 시장은 물론 정치 무대까지 독점하고 있는 사람들은 반대 세력에게 "선진국으로 가는 다른 길이 있느냐?"라고 다그치지요. 없다는 게 그들의 논리입니다.

그들이 즐겨 쓰는 말이 있지요. "바보, 문제는 경제야!"입니다. 1992년 미국 대통령 선거에서 빌 클린턴이 자주 썼던 '선거 슬로건'입니다. "It's the Economy, Stupid!" 그 말은 걸프전 승리에 들떠 있던 조지 부시(1세)에 맞선 젊은 후보 클린턴의 이미지를 미국 유권자 마음에 깊이 심어 주었습니다.

경제의 중요성은 한국의 지금 상황에서도 결코 예외일 수 없지요. 비정규직 노동자나 농민, 청년 실업자만이 아닙니다. 한국 경제의 튼실한 척수 구실을 해 왔다는 평가를 받아 온 중산층마저 IMF 사태 이후 무너지고 있기 때문이지요. 경제 성장이 필요하다는 차가운 현실이 어느 때보다 중요하게 다가오는 이유도 여기 있습니다. 2007년 12월 대선에서 도덕성과 적법성에 큰 의문이 불거진 이명박 후보가 큰 표 차로 당선된 사실은 경제의 중요성을 입증해 주는 보기이지요.

하지만 찬찬히 짚어 봅시다. 정말 문제는 경제일까요? 경제를 둘러싼 논의에서 마치 상식처럼 퍼져 있는 잘못된 전제가 있습니다. 보수는 성장을 중시하고, 진보는 분배를 중시한다는 논리가 그것입니다. 성장이 없으면 분배도 없다는 게 '보수'가 즐겨 쓰는 논리입니다. 자신들만 경제를 잘 아는 듯이 목소리도 큽니다. 반면에 진보는 분배와 성장이 서로 모순되는 게 아니라는 주장을 펴 왔습니다.

여기서도 보수 대 진보의 틀을 넘어 진실을 찾아야 옳습니다. 한국 사회에서 '보수'의 모습은 '성장하지 않으면 분배도 없다.'가 아닙니다. '성장은 하되 분배는 미룬다.'가 실제 모습과 맞습니다.

우리는 그 간단한 사실을 한국 경제의 가까운 과거에서 확인할 수 있습니다. 한국 경제는 1997년 외환 위기를 계기로 전환점을 맞았지요. 그 뒤 '개혁'이라는 이름으로 한국 경제의 구조적·제도적 변화가 단숨에 이루어졌습니다. 나라 전체가 국가 부도만은 막아야 한다는 절박한 요구에 빠져 있던 상황이지요. 대통령과 경제 관료들이 '개혁'이라는 명분 아래 변화의 방향을 결정하고 밀어붙였습니다.

그 결과는 무엇인가요? 한국 경제는 IMF 구제 금융을 계기로 자본 시장이 '자유화'되었습니다. 외국 투자자들이 반 이상 주식을 장악한 대다수 은행은 국가의 산업 정책과 연관성이 단절되었지요. 주식을 가진 주주의 수익성만 중시하는 신자유주의 경영으로 돌아섰습니다. 고용에 대한 권한을 사업주에게 더 많이 부여하는 노동 시장 '자유화' 또한 가파르게 진행되었지요. 비정규직이 늘어나고 평생직장이 사라져 갔습니다.

더구나 한국의 시장 중심주의는 기형적입니다. 수출이 해마다 늘어나고 대기업의 순이익은 천문학적 규모로 늘어나지만, 대기업과 중소기업의 연관성은 희미해졌지요. 더욱이 엄청난 순이익을 올려 온 대기업들이 정작 직접 생산자인 노동자들을 상대로 구조 조정을 일상화하고 있습니다. 민중의 생활 경제는 더 어려워질 수밖에 없지요. 그러면서도 신자유주의가 '글로벌 스탠더드'라며 마치 피할 수 없는 숙명처럼 주장합니다.

하지만 신자유주의는 글로벌 스탠더드가 아닙니다. 미국식 자본주의를 강요하는 '아메리칸 스탠더드'나, 자본 이익에 모든 기준을 맞추는 '캐피탈 스탠더드'(capital standard)일 뿐이지요. 실제로 전 세계 200여 나라 가운데 글로벌 스탠더드로 이익을 보는 나라는 미국과 영국을 비롯해 몇 나라뿐입니다. 그 '몇 나라'조차 내부는 양극화의 깊은 균열을 드러내고 있지요.

더구나 2008년 들어 세계 경제를 강타하고 있는 미국의 금융 위기는 신자유주의 질서가 위기 국면으로 접어들었다는 사실을 확연히 드러내 줍니다. 그래서입니다. 미국이 걸어간 길을 추종하는 것은 바람직하지도 않거니와 현실적으로 위험합니다. 그 옛날 로마 제국은 물론이고 19세기에 '해가 지지 않는 나라'라는 극찬을 받았던 '대영 제국'의 몰락은 세계 질서 또한 언제나 변화한다는 진실을 새삼 성찰케 해 줍니다.

핵심은 경제 또한 정치적 선택의 문제라는 데 있습니다. 신자유주의 위기는 새로운 시대를 열어 갈 정치적, 경제적 기회입니다. 이 땅의 청소년들이 한꺼번에 촛불을 들고 거리로 나섰던 바로 그 시점에 미국의 금융 위기가 본격화한 사실은 단순한 우연이 아닙니다. 이미 지구촌 곳곳에서 신자유주의를 넘어서자는 운동이 활발하게 타오르고 있습니다. 2000년대 첫 10년을 10대로 살아온 촛불 세대가 자아를 실현해 나가는 길, 그 길은 세계사적 전환기와 맞물려 있습니다. 인류가 걸어갈 새 길을 열 때이지요.

선진국 가는 새 길

선진국. 많은 사람들이 선진국으로 가자고 부르댑니다. 좋습니다. 그런데 과연 어떤 나라가 선진국일까요?

세계사적 전환기를 맞고 있는 오늘, '선진국'이라는 개념도 고정관념을 벗어나 새로운 시선으로 구성해 나가야 옳습니다. 부익부 빈익빈을 양산하고, 자신의 이익을 위해 다른 나라를 침략하는 짓까지 서슴지 않는 나라는 결코 인류가 추구할 이상 국가도, 우리가 걸어가야 할 선진국도 아닙니다.

어떤가요? 선입견을 지우고 상식에서 출발하지요. 선진국이란 '모든 사람이 골고루 잘살며 자아를 실현해 가는 사회'이어야 마땅하지 않을까요? 경제 성장과 분배의 문제도 그 문맥에서 성찰해야 옳습니다. 모든 사람이 골고루 잘사는 사회를 이루려면 분배 못지않게 성장도 필요하기 때문이지요. 물론 그 성장은 환경과 생태를 고려한 성장이고, 무엇보다 사람답게 살기 위한 성장이어야 하겠지요. 따라서 진정 우리가 선진국으로 가려면 사고부터 가장 선진적이어야 합니다. 다시 강조하거니와 긍정적 사고가 아니라 창조적 사고가 미덕이지요.

선진국으로 가는 길은 결코 어둠 속에 잠겨 있지 않습니다. 우리 모두 알다시피 그 길을 명료하게 밝혀 준 것은 다름 아닌 촛불이었습니다. 촛불을 들고 맨 처음 거리로 나선 10대들은 노래했지요. "대한민국은 민주 공화국이다. 대한민국은 민주 공화국이다. 대한민국의 모든 권력은 국민으로부터 나온다."

'헌법 제1조'를 가지고 만든 노래입니다. 천천히 다 불러도 1분 50초면 충분한 그 노래에서 우리는 '대한민국은 민주 공화국'임을 14번이나 외쳤습니다. 그 노래는 촛불의 노래, 촛불의 주제가로 기억되고 기록될 게 분명합니다.

우리가 참으로 새겨야 할 대목은 "대한민국의 모든 권력은 국민으로부터 나온다."라는 헌법 제1조의 뜻입니다. 해석의 문제가 전혀 아닙니다. 명백하게 "모든 권력은 국민으로부터 나온다."라고 명시해 놓았습니다. 여기서 "모든 권력"이란 말은 결코 '정치권력'만 의미하는 게 아니라는 사실을 강조하고 있는 게지요. 그것이 한낱 대통령 자리라면 굳이 '모든 권력'이란 표현을 쓰지 않았을 터입니다. 정치권력 외에도 경제 권력이 있고 언론 권력이나 문화 권력이 있지요. 그 "모든 권력"이 국민으로부터 나오는 나라, 그 나라가 곧 선진국입니다.

그런데 대한민국의 현실은 어떤가요? 누구나 느끼고 있듯이 헌법 제1조와 현실은 다릅니다. 모든 권력이 국민으로부터 나오지 않습니다. 일찍이 법학자 루돌프 폰 예링은 "권리 위에 잠자는 자는 보호받지 못한다."고 말했지요. 권리가 있는데도 행사하지 않으면 소멸한다는 경고입니다.

반면에, 국민이 체념하거나 방관하지 않고 뜻을 모은다면 얼마든지 '변화'를 이룰 수 있습니다. 개개인이 국가의 주요 의사 결정 과정에 참여하는 직접 정치, 개개인이 자기를 창조해 나가는 노동을 중심에 둔 경제는 얼마든지 실현할 수 있습니다.

흔히 우리는 창조적 사고란 말을 독특하고 기발한 아이디어로 새 기술을 개발하거나 새 상품을 만드는 일과 연결짓고 있습니다. 하지만 창조적 사고는 기술이나 과학, 더 나아가 예술의 영역에만 머물지 않습니다. 사회 제도와 정치 체제에서도 창조적 발상과 구상을 할 수 있고, 무엇보다 그것을 현실에 구현할 수 있습니다. 바로 그 지점에서 긍정적 사고가 아니라 현실을 있는 그대로 보는 진실의 사고가 창조적 사고로 이어집니다.

창조적 정치 사상과 민중이 결합할 때 새로운 사회를 만들 수 있습니다. 새로운 시대를 열어 가는 일, 그것은 혁명이자 예술입니다. 피를 먹고 성장한 민주주의 나무는 21세기 들어서면서 슬기를 먹고 성숙하는 나무로 바뀌고 있습니다.

온 세계가 한국을 따라야 할 모범으로 여기겠지요. 그때 비로소 우리는 촛불 혁명, 주권 혁명을 당당하게 이야기할 수 있지 않을까요?

그렇습니다. 헌법에 명문화한 주권자로 올곧게 살아가는 길과 진정한 선진국으로 가는 길은 별개가 아닙니다. 주권을 가진 국민이 직접 정치하고 직접 경영하는 새로운 정치·경제 체제를 창조하는 길, 우리 인류가 서로 사랑하며 살아갈 아름다운 집을 건축하는 길, 살아 숨쉬는 예술의 길입니다.

촛불 세대가 '모든 권력이 국민으로부터 나오는 국가'를 실제로 이 땅에 구현해 낸다면,
그 국가는 세계사의 새 지평을 열어 갈 게 분명하다.

별빛 쏟아지는 황토현의 청보리밭에서 구상한 열 가지 이야기를 모두 마쳤습니다. 가슴으로 청소년에게 다가가려고 고심했지만, 10대가 살아가는 문법에 견주면 아무래도 서툴렀을 법합니다.

이 책에서 제안한 '숨겨진 진실 밝혀내기'에서 '아름다운 집 상상하기'까지 열 가지는 인간의 보편적 호기심에 바탕을 두고 있습니다. 그 열 가지를 10대에 갈무리하면 평생을 심지 굳으면서도 즐겁게 살아갈 수 있으리라고, 뭘 하고 싶은지 몰라 가슴이 먹먹할 이유가 없으리라고 감히 자부합니다.

외람되고 조금은 뜬금없지만 『순수에게』 책이 제안하는 열 가지 주제'를 그냥 줄여서 '순수 10계'로 기억하면 어떨까요? 10계는 기독교에서 신이 모세에게 준 계율로만 흔히들 알고 있지만, 불교에도 10계가 있습니다. 단순히 우연일까요? 불교와 기독교의 10계는 어금지금합니다. 살인하지 말라, 거짓말하지 말라와 같은 기본 윤리를 담고 있지요.

이 책이 제안하는 '순수 10계'는 성스럽지도 계율적이지도 않습니다. 차라리 호기심에 가깝지요. 자율의 계이지요. 열 가지 하나하나가 모두 10대의 삶을 더 즐겁게 만들고, 오래오래

10대의 순수함을 지켜 주리라 확신합니다.

제가 바라는 사람, 소망하는 사회는 소박합니다. 기억하시나요? 이 책 머리말에서 꿈을 물어보았을 때 "뭘 하고 싶은지 잘 모르겠어요."라고 답한 친구를.

10대의 끝자락에 있는 그 친구를 보면 슬며시 미안해집니다. 그가 어렸을 때 '이 다음에 커서 하고 싶은 일'을 제게 들려준 순간이 떠올라서입니다. 유치원 다닐 무렵이었지요. 마을버스를 처음 탔던 날, 그 친구는 자랑스레 말했습니다.

"이 다음에 커서 마을버스 운전사 될래요."

그냥 웃고 말았지요. 얼마 전에 그 이야기를 상기시켜 주어도 기억을 못 하더군요. 어쩌면 그때 제가 격려해 주지 않아서, 무심하게 반응해서가 아니었을까 반성하게 됩니다. 마을버스 운전기사는 실제로 우리 이웃에게 얼마나 고마운 직업인가요. 마을버스 운수 노동자가 없다면, 대다수 민중의 삶은 얼마나 불편하겠습니까? 그 어린 친구가 꿈을 말했을 때 토닥여 주지 못했던 제가, 허허롭게 웃고 말았던 제가 몹시 후회스럽습니다. 어쩌면 지금도 그 친구는 하고 싶은 일이 있는데 '비밀'로 하는 게 아닐까 싶기도 합니다.

시인 신동엽은 오직 한 편 남긴 산문시에서 "탄광 퇴근하는 광부들의 작업복 뒷주머니마다엔 기름 묻은 책 하이데거, 러셀, 헤밍웨이, 장자"가 있는 세상을 노래했지요. 시인은 "하늘로 가는 길가엔 황토 빛 노을 물든 석양 대통령이라고 하는 직함을 가진 신사가 자전거 꽁무니에 막걸리 병을 싣고 삼십 리 시골길 시인의 집을 놀러가"는 사회를 꿈꾸었습니다.

이 책을 쓰며 일차적으로 염두에 둔 독자는 21세기 첫 10년을 10대로 살아간 세대입니다. 그 세대는 과거 세대와 조금 다른 사회화를 경험했지요. 입시 지옥에 시달리긴 똑같지만, 군사 독재의 야만적이고 획일적 문화에 찌든 경험은 없습니다.

2002년, 2004년, 2008년에 촛불을 들고 거리로 나온 10대들은 1987년 6월 항쟁 앞뒤로 태어나기 시작했습니다.

문제는 그 발랄한 열망과 깨끗한 희망을 기성세대가 받아 주기는 커녕 냉소를 보내거나 억압하는 데 있습니다. 촛불 든 청소년에게 터무니없이 '보수와 진보'의 대립 잣대를 들이대거나 색깔의 '물대포'를 쏘아 짓밟는 기성세대의 낡은 권위주의는 전혀 성찰의 기미조차 보이지 않습니다.

그래서입니다. 촛불 세대 스스로 심지를 다잡아야 합니다. 모진 비바람 맞으면서도 여린 손으로 촛불을 감싸 들던 그 순수한 열망을 부디 잊지 말기를, 굳은 심지로 가슴에 갈무리하길 기원하는 것입니다.

무릇 촛불이 아름다운 까닭은 자신의 몸을 태워 어둠을 밝히는 데 있습니다. 인간은 누구나 내면의 어둠을 지니게 마련이지요. 그 어둠에 스스로 성찰의 불을 밝히고, 짙은 어둠에 굴복해 다른 사람을 억압하는 사람의 내면까지 밝혀 주는 길, 그 길이 촛불의 길입니다. 마음에 지니는 뜻, 곧 심지(心志)는 타오르는 촛불의 심지 뜻도 지니고 있습니다.

이 책에서 제안한 열 가지 주제가 우리 가슴에 잠들어 있는 호기심에 불 밝힐 때, 개개인이 걸어갈 자기 창조의 길은 더 빛날 터입니다. 갈라진 세상을 이어 줄 다리로 우리가 지어 갈 아름다운 집은 더 돋보일 터입니다.

바로 그때 촛불은 새로운 사람을, 새로운 사회를 창조할 수 있습니다. 꺼질듯 말듯 가냘픈 촛불이지만 그 촛불 하나하나는 해보다 더 빛날 수 있습니다. 우리 각자가 모두 당당한 지구의 구성원이니까요. 우주의 일원이니까요.

어쩌면 개개인의 삶 자체가 하나의 촛불일지 모릅니다. 앞에서 저는 인생을 "B(birth)와 D(death) 사이의 C(choice)"라고 말한 사르트르에 대해, C를 창조(creation)로 제안했습니다. 창조의 C, 바로 촛불(candle)입니다. 우리 각자가 삶으로 밝힌 촛불이 있어 우주가 그만큼 더 밝아진다면, 더 새롭게 빛난다면, 얼마나 훌륭한 창조인가요? 우리의 삶은 그 자체로 예술이 되겠지요.

무릇 우리가 미완성의 존재이듯이, '민주주의 나무'도 미완의 나무입니다. 당연히 10대의 삶도, 우주 자체도 미완이지요. 왜 우주가 미완이냐고 묻는다면, 저의 대답은 단호합니다. 바로 당신이 아직 미완이기 때문입니다.

현대 과학은 전체 우주의 변방에 은하계가 있고, 그 은하계의 변방에 태양계가, 그 태양계의 변방에 지구가 있다고 말합니다. 하지만 어떻습니까? 우주가 진실로 무한하다면 대체 어디가 중심이며 어디가 변방인가요? 우주를 구성하는 엄연한 한 부분으로서 자신이 미완인데, 과연 우주가 완성되었다고 할 수 있을까요? 우리 개개인이 우주의 중심이자 고갱이입니다. 주권의 발상지요, 사랑의 발원지입니다.

촛불 세대의 풋풋한 사랑이 창조할 새로운 사회, 마침내 촛불 혁명이 건축할 아름다운 집을 그리며 『순수에게』 마침표를 찍습니다.